广播电视即兴口语表达

鲁景超 著

中国传媒大学出版社
·北京·

图书在版编目(CIP)数据

广播电视即兴口语表达/鲁景超著.--北京:北京广播学院出版社,2000.7(2023.4 重印)

ISBN 978-7-81004-826-2

Ⅰ.广… Ⅱ.鲁… Ⅲ.①广播语言—口语—语言艺术 ②电视新闻—新闻语言—口语—语言艺术 Ⅳ.G222.2

中国版本图书馆 CIP 数据核字(2000)第 64440 号

广播电视即兴口语表达

GUANGBO DIANSHI JIXING KOUYU BIAODA

著　　者	鲁景超
责任编辑	杜丽华
封面设计	宁成春
责任印制	李志鹏

出版发行	中国传媒大学出版社		
社　　址	北京市朝阳区定福庄东街 1 号	**邮　　编**	100024
电　　话	86-10-65450528　65450532	**传　　真**	65779405
网　　址	http://cucp.cuc.edu.cn		
经　　销	全国新华书店		

印　　刷	三河市东方印刷有限公司
开　　本	850mm×1168mm　1/32
印　　张	8.75
字　　数	182 千字
版　　次	2000 年 7 月第 1 版
印　　次	2023 年 4 月第 22 次印刷

书　　号	ISBN 978-7-81004-826-2/G·826	**定　　价**	19.80 元

本社法律顾问:北京嘉润律师事务所　郭建平

目 录

第一章　信息全球化与口语研究的意义

当人类叩响21世纪的大门时，展现在我们面前的将是一个由电脑网络编织而成的迷宫般的崭新世界。信息社会文明到来了，报春鸟即是以信息技术为标志的新的技术革命。

“科学技术是第一生产力”。有人说，第一次技术革命使农业社会的基础结构解体，第二次技术革命使工业社会文明空前繁荣，那么，以信息技术为标志的新的技术革命，有可能会从根本上改变人类的价值观念、生存方式、生产方式、信息交流方式。人类面临的是一场前所未有的挑战，也是一次前所未有的机遇。在巨大的挑战与机遇到来的时候，我们只有站在未来社会的制高点上，用全球文化的视野来关注我们的学科，才能真正找到我们这一学科在信息传播系统中所处的位置、存在的意义，以及发展的方向和使命。

第一节

技术的竞争与文化的竞争

一

网络及相关技术的发展必将在本世纪引起一场前所未有的信息革命。这是毫无疑问的。与报刊、电台、电视台等传统媒体相比，网络媒体这个新登台的小弟弟，具有强劲而独特的优势。有人认为，网络媒体具有以下几大特性：

一是速度快。它可以像电台、电视台一样进行实时报道、实况转播。比如说，以美国为首的北约野蛮轰炸我驻南联盟使馆的消息，就是由《人民日报》网络版最先发布的。

二是容量大。经过数字化的处理，硬盘所能存储的信息容量可以说是大得惊人的，因此，它既不用像报刊要受版面的限制，又不用像广播、电视要受播出时间的限制。

三是范围广。国际互联网的建立，可以使信息全球共享真正成为现实，正如人们常说的，网络，仿佛缩短了地球的距离。

四是可检索。检索技术的成熟，使人们可以在浩如烟海的信息中用最快的速度、最简便的方法、根据自己的需要挑选，查询，大大提高了使用信息的效率。

五是可复制。广播电视节目具有稍纵即逝的特点，网络传播不仅可以随意复制，而且极其“快捷，方便，低廉”。

六是多媒体。它集文字、声音、图像于一体，既具备电视的全部功能，又以其大容量、可检索、可复制等优势，使多媒体的特性得到了更充分的展现。

七是超文本。网络媒体被形容为一个无所不包的大词典，大资料库，只要人们稍稍动动手指，窗口便可显示出所需要的信息。

八是交互性、交互式的信息制作和检索方式，变传统的单向传播为双向，变被动地接受信息为主动，使人们获取信息的手段更丰富，获取的信息也更全面、更直观、更具有综合性。

有识之士认为："随着相关技术的不断进步，网络媒体的特性还将进一步突出，进一步发展，甚至还会出现更新的特性。总体上看，这些特性都从不同角度强化了媒体的作用，丰富了媒体的职能，提高了媒体的效率，降低了媒体的成本。"①

由于网络媒体具有以上特性，它被称为信息社会的"宠儿"，并以迅猛发展的态势引起人们越来越热切的关注。随着全球信息网络的建立，偌大的世界变成了小小的"地球村"，信息资源共享，必然会使国际间信息传播的竞争更为激烈，处于第一传媒霸主地位的广播、电视，正在面临着从来没有过的巨大冲击与挑战。

有资料显示，至 1998 年上半年我国共有因特网用户 117.5 万，其中直接上网用户 32.5 万，拨号上网用户 85 万；上网计算机 54.2 万台，cn 下注册域名数达 9415 个，

---

① 蒋亚平：《冉冉升起的网络媒体》，刊于《人民日报》1999 年 7 月 10 日第 8 版。

www站点数3.7万个。我国上网用户从1993年的2000个，在短短四年多时间内增长587.5倍，据估算，到2000年上网用户将突破200万。[①] 据介绍，自从出现了国际互联网，美国的录像带出租业减少了1.3%，报纸等印刷媒介的企业减少了7%，而电视收视率更是首当其冲，减少了30%。[②]

正视多元竞争的格局，认清广播电视传媒在传播手段上的优势与劣势，找到对策，争取主动，才是明智之举。

美国《未来学家》杂志上曾刊登了一篇题为《信息技术的未来：到2025年改变我们生活的92个方向》的文章，其中对新老交流工具有这样一段描述："尽管更新的对手出现了，但是较老的信息技术常常是坚持不退的，甚至有所发展。电影被认为会使书籍寿终正寝。后来，电视被认为将是书籍的劲敌。但是今天出版商出版关于电影和电视的书籍——甚至有被认为肯定会置书籍于死亡的计算机的书籍——来赚钱。"[③] 正如电影、电视不能使书籍寿终正寝一样，网络媒体也不可能一夜之间取代广播、电视，它们还将长期共存。

今天，广播电视在我国已经普及于千家万户，电视机拥有量近3亿台，平均每4人1台，电视观众达9亿多人。[④] 可见，广播电视仍然是目前我国普及面最广、受众获取信息最主要的大众传播媒介。因此，广播电视从业人员决不能失去信心，要勇敢地在竞争中抓住机遇，找到差距，不断更

---

① 王立彬文：《中国文化报》。

② 《电视研究》1998年第2期8页。

③ 罗伊：《无网不胜》27页，兵器工业出版社，1997年9月。

④ 《领导者媒介形象设计》第1章9页，社会科学文献出版社，1997年9月。

新、突破、进取。“由黑白电视到彩色电视再到高清晰度电视，由前期制作播放到现场实况转播，由普通地面波电视到共用天线闭路电视再到具有双向传播服务功能的光缆有线电视网，由差转台接力传递到卫星转播再到直接入户的卫星直播电视”。纵观这段历史便不难得出结论：没有各种新技术在广播电视领域的广泛应用，就没有事业的飞速变化与发展。适者生存，出路在于传统的传播方式与新技术互相作用、互相组合、互相体现、互相补充、互相转化，从而形成更高层次的存在，以纳入全球信息网络的轨道。

二

江泽民总书记指出：“一个国家，一个民族，如果不紧紧跟上科技进步的时代潮流，不结合本国发展的实际努力提高科学技术水平，就会落后，就会陷入极为被动的境地。”要迎接科学技术突飞猛进和知识经济迅速兴起的挑战，最重要的是坚持创新。“创新是一个民族的灵魂，是一个国家兴旺发达的不竭动力。”一些发达国家在科技进步的过程中，充分发挥媒介作用的经验值得借鉴。众所周知，美国的信息高速公路所以能飞快地遍布全球，当然离不开媒介在其中的大力传播与推动。我国的广播电视传媒要在新的科技革命挑战中立于不败之地，就要勇于在激发全民族的整体创新意识、在推动我国物质文明建设和精神文明建设的进程中，责无旁贷地担当起历史的重任，否则将被历史无情淘汰。

创新的关键在人才，竞争的焦点在文化。以美国为代表的一些西方国家，借助先进的传播技术，在全球范围内形成了新的文化霸权，这一点已引起了有识之士的高度重视。要抵制殖民文化的入侵，就要大力弘扬中华文化的精华，就要让世界上使用人口最多的汉民族共同语和我国各民族通用的语言成为国际信息高速公路上最强劲的声音，就要更好地发挥普通话的优势和活力。正如北京广播学院张颂教授所说的“广播电视的节目内容与形式应该是民族文化的精华的体现与张扬，越是有本民族、本国特色的东西，越具有自立于世界民族之林的优势，越具有吸引力。”①

第二节

信息化与提高口语质量

一

叶圣陶先生在解释“语文”一词时说：“嘴里说的话叫口头语言，写到纸面上的叫书面语言。语就是口头语言，文就是书面语言，把口头语言和书面语言连在一起说，就叫语文。”

口语是运用有声语言，通过口说耳听进行交际的；书面语是运用文字，通过手写眼看来传递信息的。它们彼此关系密切，互相区别，互相依存，互相影响，都是人类最重要的交际工具。

---

① 张颂：《播音语言通论——危机与对策》，北京广播学院出版社，1994 年 2 月。

我们中华民族具有讲究“口才”的悠久历史和传统，崇尚说话艺术，崇敬那些能言、巧辩、勇敢、自尊，从而捍卫了国家民族利益的人。《曹刿论战》《烛之武退秦师》《邹忌讽齐王纳谏》《触龙说赵太后》《晏子使楚》等故事之所以能够代代相传，能言善辩，巧于辞令的辩士之所以能够成为家喻户晓的人物，原因正在于此。

令人遗憾的是，几千年封建社会落后的生产方式和交通状况，使各地之间交往困难，文化闭塞。只是做到了“书同文”，还没有做到“语同音”，口语素质难以得到提高。特别是以后又逐步确立了以文取士的科举制度，使“重文轻语”的现象越来越严重。无可否认，我国口语研究的现状还相当落后。改革开放的深入，社会交往的频繁，生活节奏的加快，特别是科学技术的日新月异，使口语的作用越来越显得重要。

在《天方夜谭》中，阿里巴巴用“芝麻，芝麻，开门来”的咒语打开了一座壮丽的洞窟，而在21世纪即将到来的今天，现代电子技术真的使神话里用口语叫开无穷宝藏大门的幻想变成了现实。现在，人们可以用口语指挥机器，用计算机进行复杂的语言文字的信息处理。在现代化的车站、码头、飞机场，可以通过口语自动识别机来订票，甚至开汽车、开飞机都可以通过人机对话进行指挥和管理。据报道，日本研制出了一种由电脑控制的声音合成系统，可用来给盲人朗读小说。它不但能高声朗读诗篇，而且还能发出抑扬顿挫的声调来。有人预见，数年以后，声音电脑将成为既能说、能听、能分辨声音，又可以拥有超过一般人的词汇量，并且最终成为任何语言之间的万能大词典。

现代社会的高效率、高信息化，必然会使口语信息传递的使用范围更广泛，更普及，科学技术越向前发展，口语的作用越不容低估，因此，越来越多的语言工作者产生了危机感和紧迫感，认识到口语研究的现实意义和深远意义。

二

尽管有人预言总有一天机器将代替人脑，甚至于一种叫作“情感电脑”的东西将创造出人造感情，但我相信高仿真技术再高明，也无法仿真出人的精神、人的信仰、人的原创性、人对语言艺术的感受能力。面对一个正在到来的充分利用口语的时代，我们应该清醒地认识到迅速提高全民族的口语素质，是一场新的语言革命，是一项艰巨而复杂的任务。

在这一方面的工作中，播音员和主持人具有义不容辞的责任。广播、电视，由于在传播手段上占据着巨大的优势，因此容易被接受，深得群众喜爱。我们播音员和主持人每天都要运用口语同广大受众进行交流，事实上，每天都在利用黄金时间对全体国民进行口语的传播与示范。正如有人所说，我们占有着最广大的听众、观众市场，最珍贵的节目时间，最充分、有利的表现机会，最丰富的活动空间。

自从“主持人节目”形式以清新的姿态走入中国广播电视的园地，便引起社会各界的关注，得到了广大受众的喜爱。经过十多年的发展，“主持人节目”形式已遍布全国各地台站，应运而生的节目主持人队伍也以惊人的速度壮大起来。这支具有蓬勃生机的队伍，闯出了路子，创出了成绩，这一点必须给予充分的肯定。但是也不能不看到，一段时间以来，各种轻视播音传统、轻视学院正规教育、轻视语言功力的观点四处蔓延，使播音创作、播音教学受到一定程度的干扰。相当一部分人，在没有经过严格选拔、培养、考核的情况下就仓促上岗，思想修养、职业道德、知识结构、专业素质诸方面的欠缺，直接影响了节目的质量。广播电视中传出的语言，特别是一些没有稿件作依据的即兴口语节目，错误屡出，流传甚广，危害极大。

面对这种令人忧虑的局面，有识之士尖锐地指出："语言文化，鱼龙混杂，泥沙俱下，语言品质，一味迎合，每下愈况。物质文明的发达不能舍弃精神文明的建设，精神文明的升腾，离不开语言文化的崇尚。语言发生了危机，危机产生了恶果。这绝非对巨大成就的漠视，这正是对取得更大成就的焦虑。"①

全球信息化的到来，必然会加快广播电视事业改革的进程。要能够在激烈的竞争中立于不败之地，当然要在提高新闻时效、扩大信息容量、丰富节目内容和形式、更新传播技术、完善传播技巧诸方面下功夫，但有一个重要的方面无论如何不容忽视，就是语言。前面提到，竞争的焦点在文化，广播电视是口耳之学，播音员、主持人不是用文字而是用有声语言进行传播，因此，能否体现与张扬民族文化精神，关键的关键还是要看广播电视口语的质量。

口语的质量如何，实际上直接关系到广播电视事业的生存与发展。播音员、主持人要不辱使命，不辜负时代，就应

---

① 张颂：《播音语言通论——危机与对策》，北京广播学院出版社，1994年2月。

该在语言学习上多下功夫，努力发挥汉语口语的优越性，提高广播电视口语传播的质量。必须明确，有稿件作依据的口语传播如此，没有稿件作依据的即兴口语传播同样也不能降低质量。

广播电视即兴口语是一门科学，一门艺术，系统、深入地研究这一课题，是我们面对历史、现实、未来所必须做出的选择。

第二章 广播电视即兴口语的特殊性及创作原则

口语相对于书面语，是一种运用有声语言通过口耳交际完成的语言存在形式。如果说书面语是“写给人看的语言”，那么，口语则是“说给人听的语言”。

广播是听觉的艺术，电视虽说是视听兼备的艺术，但它同样不是让人通过阅读文字，而是通过口头语言即有声语言来进行传播。在广播电视节目中，有声语言是阐明主题、揭示深刻思想内涵的主要工具。无论怎样完美的音乐、音响、图像，离开有声语言，都难以明确、完整地将复杂的事物、丰富的人物内心世界、深层的理性思辨过程、节目的精神实质和精髓充分地表达出来。

我们在播音、主持艺术人才的培养目标中明确提出这样的口号：“有稿播音锦上添花，无稿播音出口成章。”无稿播音，即基本没有文字稿件作依据的播音，或叫“提纲加资料”的播音①。它既区别于书面语，又区别于通常所说的

---

① 张颂：《播音语言通论——危机与对策》121 页，北京广播学院出版社，1994 年 2 月。

"播音"（有稿播音），而是播音员、主持人通过广播电视电子传播媒介，于话筒前即兴完成的口语活动。即兴口语是广播电视有声语言中一种不可或缺的重要表达形式。

第一节

口语表达的特点及表达的过程

一、口语表达的特点

口语在具体运用过程中，与书面语相比，它的表达方式有这样一些特点：

（一）现想现说

书面表达可以从容思考，反复琢磨，想好了再写。而口语表达则没有这样的条件。它受语言环境的严格限制，在与特定听众对象的现场交流中，不断产生刺激、反刺激，不断产生新的想法、新的话题。为此，要不断调整思路，组织语言。它来不及深思熟虑，要在一种高度集中、快捷的思维过程中，即兴而谈，现想现说，对刺激迅速作出反应。

（二）语音稍纵即逝

书面表达可以字斟句酌，落笔之后还可以进行修改；书面文字可以反复阅读，长期保存。在一般情况下，口语表达张嘴就是一串语词，好像电石火花一闪而过，一言既出，驷马难追，说出去的话就收不回来。

（三）语言灵活多样

书面语一般要求语法规范、逻辑严密、词语庄重。虽然口语表达也应遵循以上原则，但相对而言，使用口语时，离不开特定的对象，也就是在什么场合、对什么人说都是具体的。由于口语对语境的依赖性强、交流速度快、环境提供的信息量大、听众对象又常常就在眼前，因此句式多变化，多采用短句、自然句、省略句，结构比较松散；词语生活化，上口入耳，通俗易懂，语气变化多，停顿多。

（四）语音和态势语有特殊功效

口语表达还可以运用丰富多彩的语音、调势、语气、节奏和表情、姿态、手势这些口语表达的特有手段来表情达意。

二、口语表达的特点使其形成了独特的表达过程

（一）内部语言阶段

语言学家从语言对精神活动的作用着眼，称语言为体现思维的工具。语言是思想的物质化身，也是思维存在的物质形式。“语言是思想的直接现实。”离开语言的纯粹的思想是不能形成的；离开思想的纯粹的语言也是毫无意义的。比如，我们在想“为人民服务”的时候，是凭借“为”“人民”“服务”这三个词并把它们组成句子而形成和实现的。“先想后说”或是“现想现说”，事实上都是思维和语言手拉手共同完成的。

人在说话前，先要产生说话的动机、愿望，即“为什么说”“对谁说”“说什么”“怎么说”，思考这些的过程，也就是组织内部语言的过程。在这一阶段，要完成说话内容的轮廓，主题词语，或一些“语点”。比如，“小平南巡”“党和国家的前途”“中国特色的社会主义”“思想和理论基础”，这些压缩了的“语点”形成了，但具体的话语系列还比较模

糊。

（二）扩展、编码阶段

在这一阶段，要通过扩展、编码，使内部语言转换成外部语言，即完成由“想”到“说”这一过程。

在内部语言阶段，我们的脑子里只是形成了一些“语点”，现在，要把“点”连成“线”。按照一定的语法规则，将简略粗疏的信息点，扩展、丰富、编码为完整的句子，把语意清晰地表述出来。比如，把“小平南巡”、“党和国家的前途命运”、“中国特色的社会主义”这一组主题“语点”，编码为语义完整的一段话：“邓小平同志视察南方的讲话，高屋建瓴地阐述了关系党和国家前途命运的一系列重大问题，为建设有中国特色的社会主义指明了继续前进的方向。”

（三）传送、反馈阶段

把内部语言扩展、编码为一定的语句之后，说者要借助发音器官发出的声音把信息传送出去，听者则凭借听觉器官来感知这种声音信息、理解信息的内容，并作出相应的反应。这反应又反馈给说者，使说者边说边监听自己的话，边从听者的反应中发现问题，及时对自己的语量、语调、内容等进行调节。

了解口语表达的特点及其过程，目的在于掌握和更好地运用这一表达形式的规律，使口语表达更具有系统性、针对性。

第二节

即兴口语创作的特殊要求和必须遵循的原则

一、即兴口语创作的特殊要求

(一) 日常生活中的口语交际，在现想现说的过程中，不可能字斟句酌、反复推敲，所以，难免出现措词不够恰当、语句不够规范、逻辑不够严密以及缺少层次性、体系性和完整性等等现象。广播电视口语，尤其是一些现场直播节目的语言，受时间、环境的严格限制，在不少情况下，基本上也是在现想现说的状态中即兴完成的。但由于广播电视是大众传播媒介，受众广泛，节目时间宝贵，因此，广播电视口语一方面不同于书面语、不同于有稿播音或录播节目，它的表达往往是一次性完成，容不得反复思考、琢磨、修改，而且是“一言既出，驷马难追”；另一方面也不同于日常生活中的口语交际，它面向社会、公之于众的公开性，决定了不该是生活口语的原生态。广播电视口语要在有限的时间里，尽可能多地增加语言的信息量，同时又使传达信息的语言具有高度的准确性，它是在现场交流中即兴完成的规范化、艺术化的语言创作活动。

(二) 口语表达的特点使其形成了独特的表达过程，即：从内部语言向外部语言的转换。“无稿播音出口成章”，是对话筒前完成这一转换过程所提出的要求。

1. 内部语言的组织，是口语表达的基础和前提条件。广播电视口语讲究效率，没有迅速而有条理的内部语言的组织，就不可能有流畅而清晰的语言表达。无稿播音不是任何个人随意的语言活动，传播者的语言动机必须受广播电视宣传的性质、目的、任务及传媒特性的制约，在临场发挥中即兴产生的语言动机，必须具有强烈的目的性、严密的逻辑性、鲜明的倾向性。要锻炼在话筒前迅速、有条理地组织内部语言的能力，说到底，还是要靠平时对知识、生活的长期积累。一个学识浅薄、孤陋寡闻的人，在短暂的时间里，不可能敏捷地捕捉到有价值的语言信息点，更不可能将这些语言信息点进行有效地分析、归纳、综合、生发，即使搜肠刮肚，到头来还是白费口舌。

2. 在完成由“想”到“说”，即通过扩展、编码，使内部语言转换成外部语言的过程中，传播者组合语言的能力就显得格外重要，而词汇“仓库”的丰富又是组合语言能力的保证。言不及义、废话连篇、枯燥乏味，是词汇贫乏的表现。

“文化革命”中有一首歌，从头至尾只有一句话：“文化大革命好！就是好！就是好！”语言之贫乏，精神之穷困，在这里达到了登峰造极的程度。因此，无论怎样地大呼小叫都是苍白无力的。

1993年，作家冰心老人曾在“冰心研究会”筹备会议上，请女儿代读了一封她写的“上同人书”，全文如下：

研究是一个科学的名词。科学的态度是：严肃的、客观的、细致的、深入的，容不得半点私情。研究者像一位握着尖利的手术刀的生物学家，对于他手底的待剖的生物，冷静沉着地将健全的部分和残废的部分，分割了出来，放在解剖桌上，对学生详细解说，让他们好好学习。

我将以待剖者的身份等待解剖的结果来改正自己！①

这篇简短的发言，引起了场内阵阵的掌声和笑声。老人家用生动形象的比喻、准确精当的语言，表现出了谦虚的美德和博大的胸怀。

我们中华民族具有重视炼字炼句的传统。“为求一字稳，耐得半宿寒”；“吟成五个字，用破一生心”“两句三年得，一吟双泪流”——这就是历代文人沿袭的追求。

广播电视口语是经过提炼的更高层次的口头语言，规范化是它必须遵循的原则，艺术化是它必须追求的目标，炼字炼句的传统应该继承，因此，它更需要扎实的语言功力。

3. 在传送与反馈信息的过程中，传送者要具备良好的声音状态，娴熟的发音和语言表达技巧，以及认真同听众交流，及时调节、整理语言的能力。

广播电视口语的声音特点基本上可以归纳为下面几个方面。一是准确清晰。准确是指吐字规范，字音标准。清晰是指语音具有较高的分辨率，即使在有杂音的环境中也能使人听清楚。二是圆润动听。指要有较好的声音音色和较高的吐字技巧。三是质朴大方。指发音要接近生活中的讲述，与朗诵或表演有明显区别。四是富于变化。指发音要避免单调，无论吐字力度，还是音高、音色、音强，都应随节目内容和感情色彩变化。②

---

① 转引自《张锲散文选》，第96页，解放军文艺出版社，1995年1月。

② 《中国播音学》63页，北京广播学院出版社，1994年10月。

在话筒前临场、即兴进行的无稿播音，应该符合播音语言艺术发音的要求，也应该符合播音语言艺术表达的规律。离开了对内在语的开掘、对想象的运用、对受众的研究与沟通、对话筒前状态的调整，以及对停连、重音、语气、节奏等技巧的运用，口语表达势必会变得干瘪、空泛、无的放矢，从而失去艺术的表现力。

一段时间以来，“字正腔圆”被有些人嘲笑为“保守”，丰富的播音语言内外部技巧被有些人嘲笑为“公式化”“单调”“生硬”“呆板”。于是，沙哑、有气无力、含糊不清的声音被视为有特色；外来语、洋腔洋调被视为时髦；别字和错字被视为不可避免的家常便饭。

以上偏见的产生，源于对广播电视口语认识的浅薄。通过分析口语表达的特点及表达过程，我们会发现广播电视口语是一个系统，它有其自身的规律，它讲究文明与道德、质量与品位、艺术性与典范性。

（三）广播电视作为党和政府的宣传工具和大众传播媒介，既要坚持党性又要坚持人民性。因为，党的总目标、总任务、总路线以及方针和政策，在根本上是与广大人民群众的利益相一致的。广播电视是党和政府联系人民群众的“桥梁”和“纽带”，是党和政府也是人民大众的喉舌，它要把党和政府的声音传播出去，同时还要及时反映人民群众的呼声，满足人民群众获取各方面信息的需求。“以科学的理论武装人，以正确的舆论引导人，以高尚的情操塑造人，以优秀的作品鼓舞人”，江泽民总书记提出的任务，正反映了广大受众对广播电视工作者的期待。

作为广播电视重要手段的有声语言表达，必须服从广播电视宣传的总的目标和任务，有稿播音如此，即兴口语表达也同样如此。

二、即兴口语必须遵循的创作原则

政治经济的改革，必然会促进广播电视事业的改革。

提高新闻时效，扩大信息容量，丰富节目内容和形式，更新与完善传播技术和技巧，是广播电视事业发展的必然趋势。话筒前的即兴口语节目，同有稿播音相比，更具有时效性、针对性、灵活性，与听众、观众的交流也更直接、更便利。可以预见，事业越是向前发展，话筒前的即兴口语活动越会受到欢迎和重视。

即兴口语是话筒前有声语言创作的一个方面，因此它同样应该严格遵循播音创作的如下原则：

（一）坚持正确的创作道路

播音的正确创作道路，可以这样表述：站在无产阶级的党性和党的政策的立场上，以新闻工作者特有的敏感，把握国内外形势的发展变化和人民群众的思想实际，准确及时地、高效率高质量地完成“理解稿件——具体感受——形之于声——及于受众”的过程。[①] 虽说即兴口语不可能以现成的“稿件”作为创作的依据，但在由内部语言向外部语言转化的过程中，却离不开没有形成文字的“腹稿”的帮助。于现场即兴完成的“腹稿”的质量如何，直接体现着表述者对客观规律、客观事实的理解与认识的程度。也就是说，要高

---

① 张颂：《播音创作基础》第 1 页，北京广播学院出版社，1990 年 3 月第 1 版。

效率高质量地完成即兴口语由内向外的“转换编码”，同样要经过从理解感受，到形之于声，到及于受众这样一个全过程。只有如此，才有可能以积极自如的话筒前状态，达到恰切的思想感情与尽可能完美的语言技巧的统一，达到体裁风格与声音形式的统一，出口成章，准确、鲜明、生动地传达出节目的精神实质，发挥广播电视教育和鼓舞人民群众的作用。

（二）坚持严肃认真、积极进取的创作态度

广播电视节目受众广泛，分分秒秒都很金贵，有稿播音讲究严肃认真，即兴口语表达要能够字斟句酌、出口成章，就更需要以严肃认真、积极进取的创作态度，事前做好各项准备工作。准备工作包括选择话题、搜集资料、了解背景材料，形成提纲，确定重点，理清头绪，考虑时间分配，设想特定接收对象，唤起播讲愿望等等。

前人在谈到文章的写作时总结了这样一条经验，叫作：“袖手于前，方能疾书于后”，话筒前、镜头前的即兴口语表达也只有“胸有成竹”于前，才能“出口成章”于后。要将每一次口语活动都作为一次全新的创作来对待，方可全神贯注地在现场即兴交流的过程中，爆发灵感的火花，闪光的词语，瞬间完成言简意赅、言浅意深的表达，令人有“听君一席话，胜读十年书”的感觉。

（三）坚持传播前馈和反馈的创作基础

广播电视既然是给老百姓办的，那么就要让老百姓喜欢，让老百姓认可。播前要深入实际，了解、把握、反映广大人民群众的要求和呼声；播后要认真进行受众反馈研究，不断提高节目质量。只有心里装着广大受众，才能使节目内容为受众关心和感兴趣，才能在创作过程中与受众产生感情的共鸣、交流和呼应，这不仅是即兴口语创作的基础，也是广播电视传播生存的基础。

(四) 坚持广采博收、百花齐放的创作方针

当今社会气象万千、异彩纷呈，广播电视要全面地表现时代的风貌，就要多层次、多方面地满足受众对信息的需求和对审美的需求，使节目的内容和形式多样、多元、多彩，不仅数量多，还要精品多。要适应这些要求，就必须坚持广采博收、百花齐放的创作方针。

(五) 坚持走自己的路、敢于独树一帜

越是面对国内、国际信息行业激烈的竞争，越是要坚持走自己的路。发扬中国广播电视的优良传统，高扬民族精神，弘扬民族文化的精华，充分发挥汉民族语言的优势，才能独树一帜，创新、创“名牌”、创精品。有位企业家在谈到企业成功的经验时说“名牌实质是民牌”，同样，只有那些深深植根于普通大众心里，为中国老百姓所赏识、所喜闻乐见的“民牌”节目，才能成为具有持久生命力的中国“名牌”精品。

第二章 即兴口语与播音员、主持人的修养

有位学者曾经热情地对北京广播学院播音系的学生们说："你们是未来广播电视事业的生力军，希望你们用大朴无华的仪表、敏捷机智的思维、典雅高贵的风度、幽默诙谐的谈吐，成为中华民族仪表、风度、语言的风范。"这是他的厚望，也是广大受众的期待。

全民族文化素质的提高，使人们的审美层次发生了变化，广大受众不仅要求播音员、主持人具有良好的相貌和声音，更要求他们具有良好的语言品位和良好的精神风貌。因此，人们在评价一个播音员或主持人时，通常用"气质"好坏作为一项重要标准。

气质是一个人生活的烙印，精神的外延，是内在素质的自然流露。人们常说，眼睛是灵魂的窗户，语言是反映一个人风貌的镜子。话如其人，所以才有"听其言观其行"之说。即兴口语具有很强的主观性色彩、随意性色彩、偶然性色彩，一次节目可能仅有十几分钟，甚至几分钟，但这十几分钟甚至几分钟的言谈举止所展示的，却可能是播音员、主持人独特的人生阅历、思想感情、性格气质、文化素养、审

美情趣、语言功力，总之，反映的是播音员、主持人的综合修养。

古人云："器大者声必宏，志高者意必远。"陆游也说过："汝果欲学诗，工夫在诗外。"写诗如此，写文章如此，即兴口语创作同样如此。所谓秀外慧中，绝非是一朝一夕的技术训练所能完成的，"秀"不过是表，是慧的外在体现，而"慧"则是本，是长期修炼的果实。

第一节

道德修养和政治修养

一

1990年10月5日，文学大师巴金在给一个孩子的信中写道："我们有一个丰富的文学宝库，那就是多少代作家留下的杰作，它们教育我们，鼓励我们，要我们变得更好，更纯洁，更善良，对别人更有用。文学的目的就是要人变得更好。"文学创作的出发点与归宿，是"人"，是人的心灵，人的感情，人的精神。播音，无论是有稿播音还是无稿播音，也都是要为人们提供美好的精神产品，要"以科学的理论武装人，以正确的舆论引导人，以高尚的情操塑造人，以优秀的作品鼓舞人"，其目的也是为了"要人变得更好"。播音员、主持人作为传播美的使者，首先应该陶冶自己的情操，净化自己的心灵，使人格达到较高的境界。

(一) 完善自我，无私奉献

“出声露面”的工作特点，使播音员、主持人成为公众瞩目的人物。“正大综艺”的主持人王雪纯说：“主持人为什么成为人们的宠儿？不过因为他们是传媒的终端。”北京广播学院张颂教授说：“这终端，既是岗位，也是特点，既是机遇，更是责任。这中间，只有全力投入的义务，而没有自我膨胀的权力。”①

满足广大受众的期待，想人民群众之所想，急人民群众之所急，爱人民群众之所爱，恨人民群众之所恨，是我们服务的宗旨。完善自我，无私奉献，就是要拒绝金钱的诱惑，坚持真理，清正廉洁，自尊自律；就是要恪守职业道德，培养良好的工作作风，认真负责、满腔热情、周到仔细、高标准高质量地完成每一次创作活动，多层次多角度地满足受众的要求，使受众能从节目当中获得美感享受。

(二) 端正自我，真诚待人

广播电视即兴口语创作具有很强的群体性、个性、社会性特征。群体性，表现在它的工作方式是合作式的，从发现信息到筛选信息直到形成、传播信息，每一道“工序”的运作，都离不开群体的努力，离不开群体科学而精密的配合；个性，表现在播音员、主持人是传媒的“终端”，他是前面诸多“工序”的完成者，群体的创意、智慧、劳动成果，要靠他经过理解、感受，最后“出声露面”以即兴的方式体现出来；社会性，表现在即兴口语创作不是一对一的人际交流，而是大众传播，它要面向社会，播音员、主持人要直接

① 鲁景超主编：《真话实说》2页，光明日报出版社，1998年10月。

同广大听众、观众进行交流。端正自我，尊重他人的劳动，才能营造一种和谐的创作氛围；真诚待人，善解人意，才能成为广大人民群众的知心朋友，受到他们的欢迎。

二

舆论引导和信息传播是广播电视的主要功能。新闻节目是广播电视发挥舆论引导作用的龙头、主体、骨干。能否在日新月异的时代变革大潮中不迷失方向，能否敏锐地发现、报道、分析论述有价值的新人、新事、新问题，关键在于有没有政策水平和政治素养。一个人政治素养的高低，表现在有没有正确的政治方向、政治立场、政治观点。即是否了解和领会党在新时期的基本理论、路线、方针和政策，是否有力地宣传和配合党和政府的中心工作、中心任务，识大体、顾大局；是否深入实际、调查研究，和群众的思想感情结合在一起，及时有效、准确无误地反映人民群众普遍关心的重大问题，反映群众的要求和呼声。

新闻对真实性、时效性有极高的要求，新闻节目中的即兴口语表达，要在现想现说的过程中，用精确概括的词语进行客观报道，要迅即而又有深度有说服力地发表评述，并能以理服人，以情感人，不仅使节目可听，可看，还可信。这就要求播音员、主持人必须自觉地严格遵守新闻宣传纪律，遵守职业道德，具备相当深厚的政治修养和较为成熟的人格。

第二节

知识修养和美学修养

一、口语表达能力，说到底是一个人德才学识的总体现。播音员、主持人学识的深浅，会直接影响即兴口语表情达意的完美性。

广播电视要面对不同层次的听众、观众对象，节目类型多样，节目内容宽泛，特别是即兴口语表达，如果没有丰厚的知识储备，就会捉襟见肘，漏洞百出。那么，我们应该从哪些方面着手进行储备呢?

最近，季羡林先生在接受采访时说："清华大学办了一个班，选的是高材生，提出要培养中西贯通，古今贯通的人才。我说，有这两个贯通还不行，还应该加一个文理贯通，三贯通，这才是21世纪的青年。"[①] 这一观点，在《外国文学研究中的几个问题》这篇文章中，季先生还作过更为详尽的阐述。

他认为：要学习中国的文艺理论，还要学习西方的文艺理论，要两条腿走路。他还特别提出要学好中国古代文论和从柏拉图、亚里士多德开始的西方文论，最好能读读《典论论文》《文赋》《文心雕龙》《诗品》《人间词话》，读读《西方美学史》，读读《歌德谈话录》、莱辛的《拉奥孔》和《汉堡剧评》、海涅论浪漫主义、雨果论文学等等。

---

① 苗苗:《在季羡林爷爷家的那片荷塘前》刊于《中国文艺家》杂志1999年第5期。

要学习古文。他认为要具有一定的汉语基础，最起码要能背上二百首诗词，几十篇古文，他说："你脑袋里没有几百首诗，几十篇古文，要写文章，想有什么文采，那非常困难"。他还提出，要多看一点古典文学作品，特别是小说。

要多学一点外语，不要只学一种，"应像韩信将兵，多多益善"。要拓宽知识面，历史、地理、文化、社会、经济，都要了解。要懂得科技，最好学一学数学，要能使用计算机。①

这番话，虽然是针对如何提高研究外国文学的理论水平而谈的，但作为一位教育家，实际上，季先生是在对未来人才培养的目标发表自己的见解，是在对年轻一代语言工作者提出希望和要求，这些要求，同样适用于广播电视语言工作者。

知识，包括基础知识、专业知识和交叉知识。播音员、主持人要能够在话筒前、镜头前"观古今于须臾，抚四海于一瞬"，旁征博引，文思泉涌，内容扎实，见解独到，出口成章，语能达情，就要做到季先生提出的"三贯通"，就要使基础知识尽可能宽厚，使专业知识尽可能精深，使交叉知识具有复合性、具有尽可能大的跨度。

在未来的信息社会，即使你"学富五车"，面对"千树万树梨花开"般不断更新知识的局面，你也会经常感到学识的贫乏。古人云：读万卷书，行万里路。也就是说，获取知识的来源一是靠广泛涉猎，博览群书；二是靠深于阅历，见多识广。有位作家说过："你要给人家一杯水，自己最好有

---

① 《季羡林文集》第十三卷第453页，江西教育出版社，1996年12月。

一桶水。千万不要把仅有的一杯水当作一桶水迎着太阳洒去，看上去金光闪烁，实际上水过地皮湿，很快就被蒸发掉了。”以传播知识为重要使命的播音员、主持人，只有始终保持强烈的求知欲，勤学、勤思，不安于现状，不因循守旧，锐意进取，开拓创新，持之以恒地积累知识，才能有渊博的学问和广泛的见识，才能不被时代所淘汰。

二、**爱美、求美，是人的共同天性，欣赏乃至创造美的事物，是文明人的共同追求。优秀的播音作品应该是对真、善、美的完美体现，播音员、主持人应该成为传播美的使者。**

加强美学修养，一是要树立崇高的审美理想，要遵循正确的创作理论，要有鲜明的创作倾向和追求。继承中华民族文化的传统、语言的传统，继承人民广播、人民电视与人民群众息息相关的创作传统，并在此基础上勇敢创新，不断发展。二是要有饱满、炽热的审美情感，要爱祖国、爱人民、爱生活、爱事业。三是要有健康的审美情趣，即兴口语表达既不要故弄玄虚、装腔作势，又不要太“水”、太“拉杂”、太“随意”，不要媚俗，要讲究品位，讲究人文性和艺术性。

大千世界之美，具有最大的丰富性和多样性。艺术是生活的反映，艺术作品中领略的美也应该是丰富、多样的。蒙娜丽莎那飘然、变幻的微笑，给人一种空灵的美；罗丹塑造的巴尔扎克雕像，那魁梧的身躯、牛一样强健的脖颈和高昂的头颅，展示的是人类智慧的美和创作的无穷伟大的美。播音有声语言之所以能使人“赏心悦耳”，其重要原因之一也在于它的多姿多彩。方明的播音激情澎湃、气势磅礴、境界开阔、语流跌宕，表现出壮丽的美；林如的播音抒情、细腻、如诗如画、似乐似歌，表现出和谐的美；沈力的高雅沉稳、王雪纯的清纯聪颖、敬一丹的平易朴实、白岩松的深沉锐利……无不给受众多方面美的享受。“千人一面”“千人一腔”是不能满足受众的审美要求的，因此，我们不但不能在书面语和口语之间、有稿播音和无稿播音之间厚此薄彼，也不能在美的种种表现形态上厚此薄彼。应该明确，丰富多样才是美。

“海纳百川，有容乃大”。即兴口语表达的实践，没有什么捷径可走，要靠踏踏实实的积累，扎扎实实地下苦功夫。加强内在修养，不断充实自己，不断提高自己，才能为社会奉献出“受听”“受看”的美之精品。

第四章 即兴口语表达对语言的基本要求

第一节 准确与精炼

广播电视有声语言是一种艺术语言，很讲求艺术性。所谓艺术性，用车尔尼雪夫斯基的话说，即："每个字句都不仅要用得恰当，而且它还应该是必须的，不可避免的。要尽量少用字，没有简练就没有艺术性……。"

一

准确，就是要用最恰当的字句，恰如其分、恰到好处地表现客观事物、表达思想感情。

准确，首先应该建立在内容真实的基础上。真实是新闻的生命，是信息传播的第一要求。离开了真实的前提，辞藻越华丽，调唱得越高，就越可能失去受众的信任。比如，有人为了强调某产品的质量百分之百地过硬，硬要说是"百分之百以上”，这“以上”两个字不仅让人费解，而且由于话说得过了头，反而让人对产品的质量产生了怀疑。

准确，还建立在对所宣传的人物、事件的全面了解以及对所使用的材料的全面把握上。只见树木，不见森林，孤立地看一个事物，忽视它与总体的联系，就容易犯片面性的错误；只讲一点，不讲其他几点，只讲一个侧面，不讲其他几个侧面，就容易态度偏激，词语过火，犯绝对化的错误。不肯做深入的调查研究，下车伊始哇啦哇啦，浮光掠影，走马观花，抓住点表面现象大作文章；以个人的好恶为标准，随意指点，妄加评论，这些都是广播电视宣传的大忌。

准确，最后还要建立在掌握丰富的词汇、恰当地选择词语的基础上。汉语的词汇是相当丰富的，同是表示一种情态，同义词就可能多达几个甚至几十个。选择不当，即使没什么大错，仍然不能贴切地表情达意，甚至还会使人产生误解；选词恰当，则可以表达准确，形神兼备，增加语言的感染力、说服力。

“罕言寡语，人谓藏愚；安分随时，自云守拙。”(《红楼梦》新版本第八回第123页）曹雪芹用字讲究，寥寥几笔就准确地勾画出了一个薛宝钗。有人这样评论：不愿显露自己的识见和本领，叫作藏愚；安于自己的朴拙，不去用心与世周旋，叫作守拙。可是宝钗不愚而“藏”愚，不拙而“守”拙；人家说是“藏”，自己说是“守”，这一“藏”一“守”两个字，充分道出了薛宝钗恪守封建道德的虚伪的性格特点。①

① 林兴仁：《广播的语言艺术》159页，语文出版社，1994年2月。

在拍摄电视专题片《云来雾去》的过程中，主持人张泽群与云南农村的高中生王吉才建立了深厚的感情。这个连电影都没看过几场的小伙子，从云南奔重庆，执着地要报考电影学院表演系。张泽群事后说："我一看他的表演，知道他不行，继续了解了他的生活环境后，就要为他的未来着想。他有追求不错，但有没有仔细想过自己将来真正适合走哪条路?"张泽群想帮助他、点醒他，又怕伤害了他。王吉才落榜后，张泽群在送他上火车前问道："到重庆这一趟，你最大的教训是什么?"王吉才沮丧地没有回答，张泽群意识到"教训"一词用得不准确，马上改口说："你最大的收获是什么?"

一个"教训"，一个"收获"，显然后者比前者更贴切，也更容易被对方接受。

词汇积累得越丰富，选择的余地越大，准确率也会越高。

二

生活口语最容易犯的毛病是重复，而艺术语言恰恰讲究的是精炼。精炼是在准确的前提下，用简洁、明晰的语言，传达最有价值的信息，做到言简意赅、言约意丰、言近旨远。言简意赅，即：简单扼要，不啰嗦、不拖泥带水、不隔靴搔痒，条理分明，中心突出，从复杂的思维活动中概括提炼出最关键的信息点；言约意丰，即：话要尽可能少，而思想内容却要尽可能丰富、深刻；言近旨远，即：话语浅近简洁，但含义深远，就是言有尽而意无穷，说得耐人寻味。正如姜夔所言，既要“句子无余字，篇外无剩语”，又要“句中有余味，篇中有余意”。

《曹刿论战》，全文只有222个字，却层次分明、条理清楚地全面叙述了一个历史事件——齐、鲁“长勺之战”，生动刻画出了曹刿这个有胆有识的人物形象；同时还简明扼要、精辟深刻、令人信服地阐述了战略理论。《陋室铭》，全文不过81个字，却表达出高尚的情操、达观的人生态度、丰富的精神境界。《岳阳楼记》，也不过400字，但繁简得宜、惜墨如金、层层深入、情景交融。一句“先天下之忧而忧，后天下之乐而乐”，道出了千古不变的民族精神。这些名篇佳句之所以脍炙人口，流传百代而不衰，关键在于中国的文学艺术向来首先讲求炼意，讲求文以载道，同时也非常重视炼句、炼字。

诗人艾青和访者有这样一段答问：

问：你喜欢用什么形式写诗？你是否主张新诗要格律化？

答：爱怎么写就怎么写。是诗产生格律，不是格律产生诗。

问：你以为写诗要灵感吗？灵感是怎样来的？

答：我要知道就好了，我要是知道，我就把它关起来，不放它走了。

问：你对当前诗歌语言有什么看法？

答：爱听真话，讨厌假话。

问：你以为诗怎样才算好？一首好诗要具备什么条件？

答：看得下去，看了能感动。

有人说，这里所提出的每一个问题都可以写成一篇洋洋洒洒的论文，而艾青先生却只用一两句话就做了回答。[①] 没有饱满的蕴藏，就不可能有如此精炼的语言，应该说，这段即兴答问，是言简意赅、言约意丰、言近旨远的典范之作。

第二节

平易与质朴

即兴口语表达是说者和听众共同完成的，无论哪一方没有积极性，这话也说不起来。谁也不能硬按着人家的脖子听广播看电视。要想让节目吸引人，让更多的人自觉自愿地参与到节目中来，播音时居高临下、故作深沉、故弄玄虚是不行的；满口半文半白或半吊子洋腔洋调奇词僻字是不行的；如老太太裹脚布又臭又长神聊闲侃也是不行的。怎么办？老舍先生说："我们应该有点石成金的愿望，叫语言一经我们的手就变了样儿，谁都能说，谁又都感到惊异，拍案叫绝。""必须馅多皮薄，一咬即破，而味道无穷。""皮薄"，就是要说明白话，说通俗易懂上口顺耳的话，别让人听着费劲；"馅多"，就是要说有内容的话，说有品味有质量有信息容量的话，别让人听着没滋没味儿的。

一

口语化，是广播电视对语言的共同要求。因为，无论是广播语体还是电视语体，无论是有稿播音还是无稿播音，都

---

① 汪缚天：《口语艺术》130页，中国文联出版公司，1989年7月版。

是诉诸广大受众听觉的有声语言传播，在词汇和句子的选择、处理方面都应该体现出口语语体的基本特点；广播电视受众多，层面广，加上传播迅速，语音稍纵即逝，为了能让绝大多数人听得清，听得懂，也应该追求口语化。

口语化，主要体现在这几个方面：一是，能用口头常说的词汇，就别用不便听觉感知的书面语，比如，能说："老李，说说，简单点！"就别说："老李，说说，切莫冗长！"① 二是，能用简短的句子、简单的结构形式把话说清楚，就尽可能别用长句子和较为复杂的句法结构。三是，能把话说得具体化、形象化，就别把话说得像宣读论文，或是像做大报告。

口语化，使广播电视语言平易、通俗、生活化。但是，平易不等于平淡，通俗不等于庸俗，生活化不等于生活口语的原形，它是经过加工提炼的更高层次的口头语言。即兴口语传播，尤其要避免生活口语杂质的渗入。语音、语法不规范应该避免；大话、空话、套话、废话应该摒弃；信口开河、信马由缰，没有目的性、针对性、集中性、密集性、连贯性，这些生活口语中容易犯的毛病，同样不应该带进广播电视语言中。

二

"清水出芙蓉，天然去雕饰"，自然、质朴是文学艺术追求的境界。袁枚在《随园诗话》中说："诗宜朴不宜巧，然

---

① 老舍：《出口成章》61页，人民文学出版社，1984年。

必须大巧之朴；宜淡不宜浓，然必须浓后之淡。”这是谈诗的创作，即兴口语创作也有一个如何处理朴与巧、淡与浓的辩证关系问题。没有朴实无华、朴素大方的语言表达，就会流于华而不实、矫揉造作；而没有浓做底色、浓做基础，淡，也会淡而无味。

独在异乡为异客，每逢佳节倍思亲。
遥知兄弟登高处，遍插茱萸少一人。

王维的这首诗，之所以能够引起人们强烈的共鸣，就在于他用寻常的字眼、清淡无奇的语言，看似平实自然毫无技巧地道出了深沉、浓重的思亲之情。

艾青在 1954 年访问南美洲时，为一个“给人家看管孩子”的黑人姑娘写了一首短诗。诗人在结尾处写道：

一个是那样黑，
黑得像紫檀木，
一个是那样白，
白得像棉絮；
一个多么舒服，
却在不住地哭；
一个多么可怜，
却要唱欢乐的歌。

有人认为，这首诗精湛的技巧恰恰表现在诗人是以朴素的语言，看似平静地向人们叙述了一件生活中平凡普通的事实，然而通过“黑与白”“舒服与可怜”“哭与歌”这些肤色的、情绪的、声音的、神态的鲜明对比，引发了人们对黑人姑娘的深切同情，并由此给读者感情上以极大的冲击力量。①

即兴口语也应该追求这种“浓后之淡”，使语言既平易、质朴，又深切感人。

第三节

亲切感人与语言的个性

一

说话不但要使人听得懂，还要使人有所“动”。靠什么打动人呢？不是靠堆砌漂亮的词汇，更不是靠向受众献媚，轻声曼语一遍一遍地呼唤“亲爱的听众（观众）朋友”，而是靠“以理服人、以情感人”的力量，靠实实在在的节目内容、实实在在的服务精神、实实在在地掏心窝子、实实在在地把话说到群众的心坎上去。总之要有实实在在的感情和实实在在的感情表达方式。

即兴口语既要达意又要传情，那么就要弄清“说什么”“为什么说”“对谁说”“怎么说”。因为，只有明确了服务的内容、目的、对象之后，才能进一步考虑用什么方式说效果会更好，才能真正做到有感而发，与受众息息相通。

主持过《为您服务》《夕阳红》等节目的沈力，以亲切感人的主持风格，赢得了广大观众的信任和爱戴。当记者问

① 《中外名诗赏析大典》第1138页，四川辞书出版社，1993年。

起是什么原因使她拥有如此众多的“知音”时，沈力回答：“主持人的工作性质决定了主持人和观众之间不应当只是我播你看的附属主从关系，而是应当一起参与，共同面对生活的朋友关系。在社会生活中，朋友之间最可贵的是什么？是真挚的感情，互相尊重，互相信任，互相平等相待。主持人要想成为观众的朋友，也应该遵循这些原则。”“观众二字不应当是简简单单、空洞无物的词汇，而应当是实实在在的目光、愿望、期待和呼之欲来的活生生的人的感情！主持人在镜头前，应当做到目中有人，心中有情。”①

《夕阳红》栏目的编辑曾为一个舞蹈节目写了这样一段结束语：老年朋友，看了这些由老年人自编、自演、自娱、自乐的节目，您觉得开心吗？节目播出时，沈力即兴为这段话做了如下调整：

> 观众朋友，我们看到了刚才跳舞的这些老同志，论身材吧，并不那么苗条；论动作吧，也不那么规范，可当他们操劳了一生重新迸发出了一种热情的时候，身材、动作又算什么呢？他们不是在追寻青春的脚步，而是在讴歌幸福的晚年。让我们的心伴着他们那欢快的舞步一起跳动吧。②

经过调整，这段话说得不仅更自然、更平易、生活化，而且关键是主持人和观众之间的心理距离缩短了，因而也更富有感情色彩。亲切，不是在声音、体态上做表面文章，而是源于“目中有人，心中有情”。

---

① 鲁景超主编：《真话实说》296页，光明日报出版社，1998年10月。

② 转引自叶迎春：《试论沈力电视节目主持的艺术特色》。

二

感情，是打开人们心灵的钥匙，主持人与受众之间要建立一种息息相通的关系，当然也离不开这把钥匙。人的感情是复杂丰富的，表达感情的方式也是多种多样的，有黄钟大吕，也有晓风残月，有时如山岳般凝重，有时如春雨般点点滴滴沁人心脾。

人们在渴望主持人能够用多种多样的方式表达复杂丰富的感情的同时，还渴望主持人的语言能够更具有个性化的特征。语言的个性，说到底，是人的个性的体现，是人的精神气质的折光。

面对外国老板罚中国雇工下跪这一事件，白岩松说：

> 曾经的贫穷不该是我们觉得比别人低人一等的理由，金钱更不是使我们双膝发软的原因。我要说，在奔向富裕的道路上，站直了，别趴下，更不要跪下！

面对荒漠化的现状，白岩松说：

> 尊老爱幼是中国的传统美德，那么把它放在我们面对的环境中也同样适合："尊老"，就是要把祖先留给我们的青山绿水在我们手中得到很好的保护，包括那些文物不受侵害；"爱幼"，就是要从长远眼光把今天的青山绿水更好地交到子孙的手中，甚至让他们忘掉"荒漠化"这一曾困扰过他们祖先的词汇。

白岩松说："我个性中最主要的两个特点，要跟自己较劲和比较多的社会责任感。“[1] 这两段充满感情色彩的即兴议论，不正是这样一种个性特征的真实流露吗？

在《东方时空·面对面》（1996年10月29日）的节目中，主持人敬一丹说了这样一段话：

> 记得第一次采访贫困地区是去大别山，在山村的那个小学里，我看到孩子们在吃午饭，没有一个孩子带着菜，所有的孩子都在吃咸菜。我回到北京把这件事告诉城里的孩子，他们很多人都不相信。后来，我又到广西去采访，我想到那里的孩子穷虽然穷，总还是要上学的，于是就带去了一些文具，可是在都安的那些山沟里压根就没有学校，那些孩子也不认识铅笔和橡皮，为了告诉那些孩子橡皮是干什么用的，我就只好在纸上画了一个笑着的小人，然后又用橡皮把它擦掉。孩子看到这一情景，他就笑了，看来他是懂了，可是我不知道他什么时候才有机会进到课堂用这铅笔、用这橡皮。

敬一丹真实地述说着这些细节，像和亲人面对面地拉家常，但谁又感受不到在拉家常般述说着亲身经历的背后，涌动的是一种怎样强烈的感情激流？有人说，这种述说的方式构成了她平民化的语言特色，我认为，这“特色”是建立在她平民化的视野之上的，用她自己的话说：“如果在‘关于穷孩子上学’和‘手机为什么难打’的话题间进行选择，我肯定会选择穷孩子上学。为什么？手机问题可以谈，但手机才涉及到多少人？而关于穷孩子的话题又能涉及到多少人？我宁愿谈那些涉及到更多人的话题。我不愿意谈贵族化的话

---

① 《真话实说》6页。

题。平民话题我谈起来很由衷。”①

主持人“说什么”“怎么说”，不仅受对象、语境、节目内容、节目风格的限制，更受自身个性特征的限制。主持人语言的个性，不能简单地用或“亲切”或“冷峻”、或“平和”或“潇洒”等一种模式作概括，而要通过他对不同的人和事所反应出的不同感情态度，发现他独特的思考判断价值取向、独特的对生命的体验、独特的对社会生活的关注程度和角度。要敢于独立思考，独出新裁，独树一帜，独具一格，因为，受众渴望广播电视节目“形态万千”，渴望播音员、主持人“神态各异”。

第四节

启人心智与令人愉悦

电视是通俗文化。因为它是大众传播媒体，它要满足的是数以亿万计的普通老百姓的口味。我想，不会有哪个人说，我要考博士了，看看电视吧。我得受教育、上上课了，看看电视吧。老百姓在紧张的工作生活之余打开电视机，渴望获得的是一种身心的轻松和愉悦。但通俗不是粗俗，轻松不是轻浮，要能够让老百姓笑，在笑声中获得休息，在笑声中获得信息，在笑声中获得启迪，这样的即兴口语表达才能满足受众的期待。

① 《真话实说》第79页。

一

要想让人笑，就要掌握笑的技巧——幽默。什么是幽默呢？有人说：“幽默是一种特性，一种引发喜悦，以愉快方式娱人的特性。”有人说：“幽默是一种才华，一种力量，是人类面对共同的生存困境创造出来的一种文明。”还有人认为：“(幽默是）自觉地以表面滑稽、实则严肃的态度对待对象、现象以及整个世界。”“（幽默即）有趣可笑而意味深长的。”“幽默是通过美丑对照而引起的轻松而有深意的笑来表现美压倒丑的优势的一种喜剧形式。”

真可谓众说纷纭，仁者见仁智者见智，虽然至今还无法给幽默下一个公认的定义，但有两点可以明确：一是，幽默必须有趣，令人轻松愉悦；二是，幽默必须有意思有内涵，能启人心智。于是我们可以得出这样的结论：板起面孔训人不是幽默；开低级趣味的玩笑、哗众取宠、胳肢人也不是幽默。

二

怎么样才能使语言有幽默感呢？首先要做一个豁达大度的人。老舍先生说：“一个会笑，而且能笑自己的人，决不会为件小事而急躁怀恨。往小了说，他决不会为了自己的孩子挨了邻儿一拳，而去打邻儿的爸爸；往大了说，他决不会因为战胜政敌而去请清兵。”豁达才会心平气和、心宽气朗，处顺境不至于得意忘形，自我膨胀，“找不着北”；处逆境不至于如丧家之犬，失魂落魄，盯着针鼻儿大点事寻死觅活。

法国大作家拉伯雷，在死神降临时还这么说："我这就去寻找一个辽阔的自然王国，启幕，笑剧开始了……"苏格拉底在临死前发表了最后的演讲，他说："已经到了我们要分开的时刻了——我将死，而你们还要活下去，但也唯有上帝知道我们中谁会走向更好的国度。"

这是何等的胸襟，何等的气魄！一个真正领悟了生命的意义，参透了世事人生的人，才会微笑着面对一切，才会笑得意味深长。所以，"出声露面"的播音员、主持人首先要做一个豁达大度的人。

另外，要获得幽默感，还必须培养巧智敏捷的思维和随机应变的能力。这一点对于即兴口语表达尤为重要。

巧智敏捷，就是不能小胡同赶猪——直来直去，要出人意料，出奇制胜，既妙趣横生，又入情入理；随机应变，就是要在始料未及的情况突然发生时，反应快，思索快，决策快，出口快，镇定自若地迅速抓住主动权。巧智敏捷、随机应变，是一个人心理素质、知识水平、对事物的认识程度和思维能力的综合体现，是智慧的结晶。

再有，要获得幽默感，还必须善于想象和联想。用老舍先生的话说："想象必须能将山南联系到海北，才能出语惊人。"但想象得要真实，不能想入非非；联想得要合理，不能不着边际；夸张得要准确，不能夸大其词。虽在"意料之外"，琢磨琢磨，又在"情理之中"，让人能够笑后再想，想后再笑。

三

在即兴口语表达的过程中，恰当地运用幽默的技巧，可以营造一种轻松愉快的氛围，使谈话双方减少陌生感，增进亲切感，顺利完成感情交流和信息交流。

但要注意这样几个问题：一是“忌俗恶”，如李渔所说：“科诨之妙，在于近俗，而所忌者，又在于太俗。不俗则类腐儒之谈，太俗即非文人之笔。”① “取其俗而不俗者”，首先是内容要健康，要能够启人心智，寓庄于谐，寓教于娱。二是“贵自然”，又如李渔所说：“科诨虽不可少，然非有意为之。寻人卖笑，其为笑也不真，其为乐也亦甚苦矣。妙在水到渠成，天机自露。”② 自然，即不为取笑而取笑，不矫情，不做作。三是要与人为善，要尊重合作者，尊重我们的上帝——听众、观众。说话要看场合，看对象，把握好分寸，尤其不要拿别人的生理缺陷取乐。

---

① 李渔：《闲情偶寄》65页，作家出版社，1995年12月。
② 李渔：《闲情偶寄》67页，作家出版社，1995年12月。

第五章 选题的意义和要求

第一节

选题的意义

有人说，人生本身就是一场问答。大到一个国家，一个民族，小到一个行业，一个单位，一个个人，为了生存，为了发展，面对各式各样的问题，都要不断地作出判断和选择。

孙中山领导的中国同盟会制定的“驱除鞑虏，恢复中华，建立民国，平均地权”的革命纲领和“新三民主义”的主张，推动了中国民主革命的发展，为中华民族历史性的进步，作出了重大贡献。

邓小平选择了“改革开放”“建设有中国特色的社会主义”这个大题目，仅仅二十年的时间，就使我们的国家取得了令世界瞩目的巨大变化。

爱因斯坦被公认为是20世纪最伟大的物理学家，他一生最重要的贡献是创立了相对论。1905年他选择了《论动体的电动力学》这个题目，创立了狭义相对论，1915 年又建立了广义相对论。相对论的建立，不仅开辟了物理学的新纪元，也引起了自然科学根本性的变革。

李四光创立了地质力学，在他的科学创见指引下，中国彻底甩掉了“贫油”的帽子，并在地震预报方面取得了巨大进展。

罗丹选择了《地狱之门》这个题目，他以超人的毅力，用 37 年时间才创作完成了这座被称为“千古之作”的浮雕。舞蹈家邓肯选择了“可以通过人体动作神圣地表现人类精神”的题目，她毕生从事舞蹈改革与创新，邓肯的实践和理论对当时及后来的舞蹈艺术的发展都有积极的影响。

现代调查性报道的创始人普利策认为：新闻调查报道中最难的是既要保持报道的吸引力，又要使它受到精确和良心的约束，而不是随心所欲。中央电视台新闻评论部的同志们正是瞄准了普利策说的这个“难点”，并以“难点”为起点，创办了《新闻调查》栏目。“《新闻调查》的基础是事实，方法是调查，立意是体现我们社会的正义。所以，节目在题材选择上多从关乎国计民生的大题材着眼；风格上保持客观、真实、冷静；手法上力图实现多层次地揭示问题，并坚持事件与理性结合的原则。”他们认为：“脱离事件的理性是空洞的，缺乏理性的事件是单薄的。然而，最重要的勇气是使用理性的勇气。”①

这段话对于我们理解《新闻调查》的栏目宗旨和栏目定位也许会有一定的帮助。可以发现，这个栏目创办的本身，

① 《正在发生的历史》序言，光明日报出版社，1999 年 4 月。

或者说，这个选题成功的本身，就是源于一种理性的判断和“理性的勇气”。

综上所述，选题是一门大学问，题目选得好，不仅可以产生巨大的社会效益，也可以产生巨大的经济效益。反之，就难免会因“街亭失守”，而留下“出师未捷身先死，常使英雄泪满襟”的遗憾了。

选题是广播电视即兴口语节目成败的关键，因为，它决定着“说什么?”——内容，“为什么说?”——目的，还直接影响着“对谁说?”——面向什么样的受众群说和“怎么说?”——采取什么样的形式说。

第二节

选题的相关因素

一、选题与价值观

人生一世，百年而已。但由于人们的世界观、价值观不同，不光活法不同，面对人生的种种机遇作出的选择也不会相同。

有信奉“人为财死，鸟为食亡”的，有信奉“人不为己，天诛地灭”的，有信奉“宁肯我负天下人，决不让天下人负我”的，于是就有了大独裁者希特勒，有了刮尽民脂民膏的蒋、宋、孔、陈四大家族，有了祸国殃民的江青一伙丑类，有了为发财做假药、做假酒、做盗版书、做盗版光盘、做假广告、做假新闻的……

也有信奉“天下为公”的，有信奉“毫不利己，专门利人”的，有信奉“富贵不能淫，贫贱不能移”的，有信奉“科学、民主、自由”的，于是就有了轻金钱、重义务、立志兴学救国的陈嘉庚，有了“直面人生”勇敢地解剖民族精神的鲁迅，有了面对国民党的手枪发表“最后一次演讲”的闻一多，有了我国新闻事业的先驱邹韬奋，有了壮烈牺牲的战地记者邵云环、许杏虎和朱颖……

面对数不胜数的题目，如何发现，如何取舍，如何选择，说到底是与人的世界观、价值观紧密结合在一起的。

二、选题与审美追求

郑板桥爱画竹子，他在《劲竿凌云图》的题跋中写道：“盖竹之体，瘦劲孤高，枝枝傲雪，节节干霄，有似乎士君子豪气凌云，不为俗屈。故板桥画竹，不特为竹写神，亦为竹写生。瘦劲孤高，是其神也；豪气凌云，是（其）生也；依于石而不囿于石，是其节也；落于色相而不滞于梗概，是其品也。竹其有知，必能谓余为解人；石也有灵，亦当为余首肯。”由此可见，画家偏爱高而挺劲的竹子，不过是借题发挥，借物抒情，表达的是画家的精神追求和对“瘦劲孤高”“豪气凌云”的审美追求。

法国画家米勒的《拾穗者》，“就像未曾修饰过的自然图景一样”，三位农妇正在紧张地拾穗，显得很疲劳，右边的一位似乎正想直起腰来稍稍休息一下，却舍不得浪费时间，缓缓地又将右手伸向地面。“画面笼罩着一派联系大地和人生的虔诚、朴实的情绪氛围，整个色调是柔和的，构图是平稳的，没有任何刺激视觉的色彩和动态，然而，它却使我们深层的感情受到一种震撼。”因为，米勒是一位决心把艺术奉献给“泥土上的英雄”——农民劳动者的画家，在画家的眼里，“这些善良的人穷困而高尚，她们祖祖辈辈就这样生活在这块土地上，这是一个带有宗教意味的无比壮丽的悲剧。”在这个悲剧中，米勒“看到了基督说过的那种小花，索罗门王最神气的盛装也比不上它们之中的任何一朵”。观者也从《拾穗者》中，看到了画家对美的发现和独特的感受和追求。

可见，选题不仅与人的世界观、价值观紧密结合在一起，而且还是人的审美追求的体现。

三、选题与判断能力

有人说：“选题，是一种创意，一个‘点子’，一种知识和信息的综合；一种判断力，一种决策，一种在诸多问题面前提出来的解决办法；也可以是一种可行的设计方案，总之，是从创意到设计乃至实施的系列构想。”① 选题，作为一种“创意”，一种“决策”，既需要有一双热情独到的“慧眼”，也需要有一种大胆而理智的判断能力。

大胆而理智的判断能力离不开知识和经验的积累。

随着知识经济的到来，谁拥有最新的科学技术知识，谁具有创新能力，谁才有可能站在时代的最前列，成为时代的弄潮儿。知识经济的到来，不仅将极大地改变我们的思想观念、思维方式、生产和生活方式，还将对我们原有的知识结构提出严峻的挑战。作为跨世纪的新闻工作者，只有不断学习新知识、研究新问题，才有可能跟上变化莫测的新时代，

---

① 赵航：《选题论》第1页，辽宁教育出版社，1998年7月。

扩大新视野，发现新领域，抓住无穷的新选题。

大胆而理智的判断能力离不开对时代脉搏的把握。

要把握“上情”，即党的路线、方针、政策及中心工作；还要了解“下情”，即国内、外的形势和各方面的现实情况。这样，选题才能具有针对性和目的性。

“能紧紧围绕我国当前经济发展的态势，和中央精神保持高度一致，又要为广大电视观众所关心、注目、感兴趣的话题，是《一丹话题》栏目的追求。如果把建立和健全社会主义市场经济作为我们国家的一个大选题，紧紧围绕这个大选题，五十五集的《一丹话题》在“宣传市场经济、介入市场经济、培育市场经济中发挥了独特的作用，引起了各界人士的重视”。①

《一丹话题》以较开阔的视野、较高的起点及时反映市场经济中出现的新课题，像《儒商九问》《我们认头脑产业吗?》《兼并破产访谈录》《市场经济一年间》《边缘人向我们提出了什么?》等；及时反映转型期人的观念和心态的变化，像《彷徨心理与各就各位》《经济生活与人文环境》《关于道德的问号》《关于承受力的联想》《再望中关村》等；及时反映转型期遇到的新问题，像《教育随想》《关于扶贫的对话》《大题小作谈市场经济的文化》等。

《一丹话题》所以能够引起人们的兴趣，选题好，是取得成功的重要原因。而这一个个好选题的产生，来源于对“上情”和“下情”的准确把握，来源于对以“市场经济为支撑点的社会生活”和对时代脉搏的准确把握。

---

① 《一丹话题》序言（赵化勇作），北京广播学院出版社，1995年4月。

大胆而理智的判断能力离不开对受众需求与市场信息的深入了解。

张颂教授认为："受众的层次，是个立体化的、多向、多级的划分，任何线型、平面型的划分都不利于具体、切实地满足受众的需求。"多向，是指受众的整体需求是多种多样的，因此，从节目设置到选题以及语言的形态，都要以满足受众的多种需求为出发点，不可"单打一"，不可"清一色"。多级，是指"由宽到窄，由大到小的分类分级需要。如娱乐消遣类，再分为戏曲、音乐、综艺……；再细分，戏曲的京、沪、粤、越……，音乐的古、今、中、外，等；再细分，如京剧的梅、程、尚、荀，中国的古筝、琵琶、二胡、唢呐；再细分，梅兰芳的'贵妃醉酒'，二胡的'二泉映月'……。这类多级性，简直是'子子孙孙无穷匮也'。级越大，覆盖的受众群越多；级越小，覆盖的受众群越少。但是，受众的需要也是多级的，如：喜欢梅派，就比只喜欢'贵妃醉酒'高了一级，凡是旦角戏都喜欢，又高了一级，凡是京剧都爱看，就又高了一级，凡是戏曲都喜欢，就更高了一级。如果，既喜欢戏曲，又喜欢音乐，范围就更大了……，如此等等。一般来说，民族文化素质越高，兴趣就越广泛，需要就越多样。但是，这并不是说，各台各节目都搞宽的、大的，因为各种原因，如业余时间的多少、生活环境、家庭成员的不同，宽的、大的分级往往显得分散、芜杂，反而是窄的、小的更能使这部分受众在相对的集中时段固定收听收看。”① 总之，要深入了解不同层次受众的需求，使选题具有多向性、多级性，具有特色。

在社会主义市场经济条件下，广播电视传播不仅要考虑社会效益，也必然要考虑经济效益。面对来自国际、国内激烈的竞争，要进行收视率调查，要研究市场信息，要研究同行业的竞争信息，要具有“会当凌绝顶，一览众山小”的全局战略眼光，要“知彼”，还要“知己”，方可对选题作出冷静的判断。

随着湖南卫视《快乐大本营》在屏幕上掀起的娱乐节目冲击波，近来，各地电台、电视台一大批游艺娱乐节目便争先恐后蜂拥而来。对此，中央电视台导演赵安在接受记者采访时说：“娱乐节目作为电视文艺的一种补充，可以说是应运而生。这种节目轻松、休闲，能使观众有更多的参与节目的机会，丰富了综艺节目的主体结构。尽管眼下人们对娱乐节目颇有微词，但不能否定的是它在收视率及广告效益上确实有很大的优势。因此，问题的关键在于如何办好娱乐节目。现在各地的娱乐节目过多过滥，会从一个极端走向另一个极端，从繁荣走向单调，重蹈综艺晚会的覆辙。而且有些节目中游戏的设计单纯地取悦观众，格调不高，也势必会倒了观众的胃口。”②

“一窝蜂”、模拟性节目过多，暴露出的是一种无序性、盲目性和选题的贫乏。要从无序走向有序，从盲目走向理性

---

① 张颂：《播音语言通论——危机与对策》153 页，北京广播学院出版社，1994 年 2 月。

② 《北京晚报》1999 年 3 月 25 日第 16 版。

和成熟，从贫乏走向丰富，必须尽快建立起一套具有完整性、可靠性、权威性的受众与市场调查、反馈系统，真正加强竞争意识，使选题更科学，判断更准确。

第三节

选题的要求

一、捕捉热点

我们生活在一个瞬息万变的社会里，新人、新事物、新政策、新法规、新现象、新知识、新成果、新思维、新观点、新问题等层出不穷。“当它们一露头角的时候，往往就成为社会的热点。”“社会热点也永远是广大受众所要了解和追逐的对象。每一个时代都有许许多多、各式各样的社会热点。如果把社会向前发展比作是永无休止地纺织网络，那么社会热点就是这个网络上的纽结，这些‘关节点’耐人寻味，发人深省，给受众以长久的思索。”[①] 选题要“新”，避免炒剩饭、拾人牙慧，就要善于捕捉“热点”。

1983年新年伊始，《光明日报》在第二版发表了题为《“傻子”和他的瓜子》的通讯，介绍安徽芜湖一个绰号叫“傻子”的个体户经营自己生产的“傻子瓜子”，由于这种瓜子质优价廉，生意越做越红火，为争夺市场，“傻子”义率先降低价格，致使其他经营瓜子的商贩以及国营的果品公司

① 仲富兰：《广播评论——功能、选题与语言艺术》37页，复旦大学出版社，1997年11月。

也不得不竞相降价销售。

如果这篇通讯发表在今天，当然不会有新闻价值，但在那个特定的历史年代，《“傻子”和他的瓜子》一经发表，便不仅在社会上引起巨大的反响，而且还在党内和党的最高层引起极大的关注，以至邓小平同志也多次对此发表讲话。一篇介绍个体户生产瓜子的报道为什么会引起如此广泛的影响？小小的瓜子，何来如此巨大的冲击力？原因是：当极左思潮的流毒在党内还占有着相当市场、当人们正在困惑迷惘地面对改革中出现的新问题的时候，“‘傻子瓜子’的出现，最具代表性地冲击了长期以来公有制经济垄断市场一统天下的局面，提出了个体经济能否在中国市场经济中占有一定地位的严峻现实问题。”[①] 这篇通讯，敏感、及时地捕捉到了改革进程中的“热点”问题，因而引发了一场尖锐的思想观念的冲突，报道本身便也成了一时牵动朝野的“热点”。

捕捉“热点”，需要触角灵敏，就是要对新事物有敏锐的感受力；需要视野开阔，眼观六路，耳听八方，能关注到社会的各个领域；需要判断准确，要通过分析研究、归纳综合，由表及里，由微观到宏观，捕捉到信息的“关节点”，捕捉到真正有价值的“热点”。

二、深入开掘

对好的选题，开掘要有深度，要能够透过现象揭示出带有本质性、规律性、必然性的题目。

开掘选题要有深度，是因为，我们的目的不仅仅是为了

---

① 《光明日报新闻内情》195 页，光明日报出版社，1999 年 6 月。

提出问题，重要的还是通过分析问题、认识问题，最终要解决问题。

五十五集的《一丹话题》中，连续有四集将焦点对准了“扶贫”问题。在第一集中，通过采访国务院贫困地区经济开发领导小组办公室副主任高鸿宾，使观众对我国目前严重的贫困现状有了一些了解。了解了贫困的现状之后，接下来的第二集中，又进一步分析了“我国扶贫工作的现状”。在开场白中，敬一丹就点明了及时探讨这个问题的必要性，她说：“就在前几天，国务院贫困地区开发领导小组负责人发出了一个提醒，他说：‘在从计划经济向市场经济转轨的形势下，中国的扶贫开发工作面临着严峻的挑战，现在一些地方已经出现了扶贫意识淡化，扶贫政策软化，扶贫工作降温，扶贫工作弱化的现象。’他向全社会发出了一个呼吁：‘要防止扶贫工作滑坡。’”谈到这里，敬一丹提出了一连串引人深思的问题：“从计划经济到市场经济，对中国的贫困地区、中国的扶贫工作意味着什么呢？会给中国贫困地区的未来带来什么希望？给眼前又带来哪些困难？我们面临着哪些特殊的问题?”从市场经济对扶贫工作的影响这个角度进行了一番探讨之后，在第三集中，又将扶贫工作放在国际环境的大背景中进行分析阐述，最后，终于将话题引向“扶贫最根本的是扶人”“扶人就是提高人的素质”这样一个深层次。

“关于扶贫的对话”是一个有现实意义和探讨空间的论题，因此，随着对话的层层深入，不仅使人们了解了我国贫困的现状和扶贫工作的严峻性、重要性，还对如何改变贫困现状、如何做好扶贫工作作了一些非常有意义的探讨。

三、前瞻预测

杨振宁博士曾说过这样一段话："一个科学家要超过前人，摘取科学桂冠，除了勤奋磨砺，还要有胆有识，百折不回地向自然进攻。任何时候，都不能丢掉自己的胆魄。"选题，是一种创新思维活动，创新就不能"循规蹈矩""抱残守缺"，要敢于突破旧框框，敢于不断超越他人、超越自我，当然也需要百折不挠的进取精神，也需要有胆有识。

有"识"才能有"胆"。"识"，来源于调查研究，来源于知识、经验的积累，来源于对生活的独特体验，来源于对事物的清醒的判断，来源于创新的思维活动，来源于科学的前瞻预测能力。

面对商品经济大潮的猛烈冲击，相当一部分人产生了一种彷徨心理和迷失状态。《一丹话题》开播伊始，便敏锐地抓住了一些尚未被人注意然而又很关键的话题。

敬一丹：生活的味道确实是发生了变化，可是这种味道的变化有一种趋同的倾向。

张建星（天津日报记者）：好像大家都在经商，呈现一片金黄色，非常灿烂、非常夺目，涌动着一种金黄色的浪潮。

敬一丹：我觉得这种金黄色，在我们中国如果太多的话，也未免太耀眼，好像生活中光是金黄色。光是金黄色一种色彩恐怕不是很丰富的、很正常的、很理想的那种生活。……（《——生活中还需要什么味》）……

敬一丹：我们回想一下，似乎每当历史转折的关头，人们就会遇到这种普遍的彷徨心理。

……

我想从某种角度上讲，现在的彷徨心理也正是一种积极的情绪，或者说是积极情绪的准备，人们彷徨的时候，一时不知往哪儿走，却总是在找一种感觉，一种方向，这比那种麻木的情绪要好得多，是吗？

詹国枢（经济日报记者）：当然，我觉得这是一个国家、一个民族具有活力的一种表现，它在不停地寻找，不停地创造。

敬一丹：似乎是刚醒过来的那样一种感觉。但我觉得彷徨太久了，恐怕也是要耽误事的，彷徨太久了，耽误的不光是我们个人的事，而且整个民族也经不起长时间的彷徨。所以，我觉得要提倡各就各位，当然很难做到一步就到位，现在社会生活一天天在发生变化，而且变化的速度、广度都是我们难以预料的，可能在以后的变化之中，我们会碰到新的彷徨，我们也会不断地调整自己的位置，真正做到各就各位。(《——彷徨心理与各就各位》)

这些有“警醒效力”的议论，“在一片彷徨中，显出冷静的、理性的力量”。

在《一丹话题》的最后几期节目中，又敏感而及时地抓住了市场经济与道德的关系这个切中时弊的话题，连续三期的《关于道德的问号》，又一次在观众中引起强烈反响，也又一次起到了一种“警醒效力”。当时，这些问题尚未成为社会的热点，后来，当各类媒体普遍展开《市场经济与重塑道德》的热烈讨论时，人们才更加意识到《一丹话题》思想见解的独到和前瞻预测的难能可贵。

四、追求特色

《人民日报》在1999年3月30日第11版“电视与我们”征文栏目中刊登了一组观众来信，其中有这样一段话：“放眼四望，纵观八方，《新闻联播》老练、沉稳，《新闻30分》平易、素朴，就是一个常到家串门的老朋友；《中国新闻》清新、典雅，这是一种颇为舒畅的现代美感；《半边天》轻松、愉悦，通篇是一种让人如沐春风的活力和朝气；《东方时空》澎湃着现实主义的激情、洋溢着理性主义的情怀，这是一种思考的魅力；等等。其实，主持人本应该千姿百态，丰富多彩。”

人与人之间在审美情趣上既具有相同点，又普遍存在着差异，正如俗话所说：萝卜、白菜，各有所爱。因此，广播电视节目“形态万千”，播音员、主持人“神态各异”，才能满足受众“丰富多彩”的审美需求。“形态万千”“神态各异”，贵在独创，贵在敢于发挥个性特色，这就需要克服从众性心理。

《光明日报》1999年4月1日第5版刊登了一篇题为《力避克隆风、奢侈风、广告风、媚俗风、博采风——‘综艺热’谨防遭冷遇》的文章，文章指出：“目前的综艺节目多奉行‘拿来主义’，有的直接引进，有的移植过来。‘《城市之间》是法国《城市之间》的中国版。’该节目制片人兼导演接受记者采访时说：‘目前该节目是法国人在中国进行技术指导，是用法国布料做的中国旗袍。’收视率极高的《快乐大本营》的制片人兼编导也表示节目与香港10年前的《综艺60分》同出一辙。《玫瑰之约》《相约星期六》则与台湾同类节目换汤不换药，而娱乐界有人士传出，《非常男女》与日本一娱乐节目极为相像。其他的像《欢乐总动员》《假日总动员》等都是《快乐大本营》的北京版、浙江版而已。”文章还指出：“一些有识之士对某些娱乐节目过于注重商业性而忽视艺术追求的倾向提出了尖锐的批评：一哄而上，只学了‘形式’、学了‘样式’、学了皮毛，却丢了自家特色，丧失自家的创意和精、气、神，这是偷懒，是缺乏创造力、想像力的表现。豪华的舞美、奇异的服装、廉价的掌声、媚俗的矫情、虚假的表演掩盖不了其文化品位的低下、粗俗。娱乐节目的创意应该求新、求奇、求乐、求味，应该坚持质量、严格要求，要降温、要思考、要精办，要办出特色，办出文化味来。”

读这篇文章不禁让人想到了《庄子·天运》中讲的“东施效颦”的故事：“故西施病心而其里，其里之丑人见而美之，归亦捧心而其里。其里之富人见之，坚闭门而不出；贫人见之，挈妻子而去亡走。彼知美，而不知之所以美。”“不知之所以美”，不顾及自身条件地盲目模仿别人，效果只能适得其反。

发挥个性特色，首先要了解自己，然后再根据主观条件(包括自己的性别、年龄、学识、爱好、生活经验、审美经验、生理特点、心理特点等等因素构成的个性特点）和客观条件（包括时代背景、时机、环境、节目内容、节目形式、合作群体的状况、受众的欲求等等）适宜地设计自己。选题，是实现自我设计的第一个环节，选题，应该充分考虑到如何发挥出个性特色。

有人说，一个《实话实说》的节目创意，把亿万观众吸引到了电视机前。观众在信中说："崔永元不落俗套、独辟蹊径，成功地开创了平民化主持风格。他不是帅哥，长着一张再普通不过的脸。一身朴素无华的服装，领带也不打。笑眯眯，手持话筒，有时干脆坐在观众席里与大家侃家常。没有那司空见惯居高临下的高傲，更见不到时下电视节目主持人大喜大悲的通病。他带给大家的是随和、融洽、自然、放松及恰到好处的分寸感。"①

《实话实说》栏目之所以一炮走红，原因当然是多方面的，但"独辟蹊径"的选题，使崔永元的个性特色得以充分地发挥，是不可忽视的重要因素。

"各有所好体现着人们的主观意愿，各有所宜是客观条件对主观意愿的制约。"只有了解并把握好自己的个性，使主、客观条件和谐地统一起来，才有利于自觉地在播音、主持艺术创作中尽可能展示出个性的特色。

五、树立精品意识

面对国际、国内各种大众传播媒介激烈竞争的多元化格局，做西方传媒的"尾巴"，做港台传媒的"追星族"，炒"地摊刊物"的"残渣剩饭"，都只能是"自毁长城"。要想在激烈竞争的格局中找准自己的位置，站稳脚跟，壮大发展，就不能趋炎附势、急功近利、目光短浅、投机取巧，热衷于"克隆"人家的节目，而要坚定地树立精品意识，实施精品战略。

1999年春节晚会上，一曲《常回家看看》打动了荧屏

① 《人民日报》1999年3月30日第11版。

前亿万人的心。为评选这一年度的“我最喜欢的春节联欢晚会节目”，中国社会调查事务所（SSIC）于1999年2月25日—3月13日在北京、上海、广州、深圳、长沙、武汉、哈尔滨、大连、青岛、石家庄、西安等地进行了一项调查，在调查中发现，近八成的被调查者表示很喜欢《常回家看看》这首歌（35岁以上的人占88.7%，35岁以下的人占11.3%），其中83.6%的人说自己在听这首歌时感动地流了泪。[①] 老年人说，这首歌讲出了我们的渴望，唱出了我们的心声；青年人说，从这首歌中感到了浓郁的亲情，表达了我们对父母的思念，甚至还有反省和忏悔。歌中没有空泛、华丽的辞藻，有的只是从心底流出的家常话。正是这些再普通不过的家常话，朴素、生动、准确地传达出了许许多多普通老百姓在这个喧闹的世界中对亲情的渴望。有人说：“特别是那句‘常回家看看，哪怕给爸爸捶捶后背揉揉肩，老人不图儿女为家作多大贡献呀，一辈子总操心，就奔个平平安安’，简直是唱到了当今每个奔忙浮躁的都市人的心坎里。”由此可见，精品是从人民群众中来，又能经得起人民群众检验、能强烈地撞击人们的心弦、能引起人们强烈共鸣的作品。

在选题的过程中，就要找准那些有强烈的时代感、为广大受众所密切关注的话题。一个好的选题，应该是思想性、艺术性、独创性、广泛性和时效性的完美结合。广播电视的选题，不同于一般的文艺作品，充分注意到这些方面，是完全必要的。

---

① 《羊城晚报》1999年4月2日第9版王晓军、东民写的“特别报道”。

第六章 即兴口语表达基本能力的培养与练习

第一节

即兴口语表达的基础练习

一、注意的练习

注意是人们心理活动的指向性和集中性，是对客观事物的一种定向反射，它保证机体能够清晰地感受周围环境的刺激物，作出适当的反应。注意和认识过程分不开，它是一切认识过程的基础和开端。即兴口语表达的现想现说、语音稍纵即逝、语言环境复杂多变、交流对象具体可感等特点，决定其思维过程必须高度敏捷、集中、清晰、灵活。没有注意做前提条件，这一过程就无法完成。

（一）注意的稳定性练习

注意的稳定性，或称注意的持久性，是指对所选择事物贯注的程度和持续的时间。

如果我们在主持节目或采访过程中，不能排除来自主观或客观方面的干扰，注意不能长时间集中于一定的对象，而出现松懈或分散的现象，即使是片刻的“分心”，也可能会严重地影响工作质量。

通过大量的观察练习、听辨练习和在各种复杂的环境中进行的抗干扰练习，来加强注意的稳定性，我们能够在一种自觉的目的制约下，把注意力集中到听和说的内容上，进入一种全身心投入的良好创作状态。

（二）注意的范围练习

我们在同一时间内能感知到的对象的数量，叫作注意的范围。

注意的范围大，在同一时间接受的信息量就大，听知的辨别力、选择力、组合力就强。播音员、主持人要同各种各样的人打交道，要能适应各种场面、各种环境，要有“眼观六路，耳听八方”的本领。否则，遇到复杂的情况就会顾此失彼，顾前不顾后，口语表达的过程就会出现混乱无序的状态。

注意的范围和知识、经验有很密切的关系。我们越熟悉的东西，注意的范围就越大。要提高这方面的能力，首先要打好专业知识的基础，语音规范，语言流畅，表达清晰，表述自如；不仅如此，还要注重生理素质、心理素质、政治素质、文化素质的综合培养。播音工作的性质决定了每一个从业人员必须做个有心人、杂学家，因此，要有相当丰富的知识结构，要不断积累工作经验，不断加强现场的驾驭能力，才能在即兴表达过程中，扩大注意的范围。

（三）注意的分配练习

注意的分配是指在同一时间内注意力分配到两种或几种

不同的动作上。

善于分配注意，对即兴口语表达是十分重要的。举采访为例，既要研究采访对象，选择提问角度，又要边听边记，边观察边分析，边判断边归纳边整理新话题等等，一个“一心不能二用”的人就很难胜任这项工作。

注意分配的主要条件是熟练。如果两种或几种动作都是生疏的，都需要高度的注意，结果必然是手忙脚乱。因此，要熟练地掌握口语表达各个环节的特征、要领，要自如地掌握听知的技能、技巧，还要学会熟练地操作必要的机器设备。熟能生巧，熟练，才有条件合理、充分地分配注意。

练习

1. 成语接龙练习。方法是：开头者说一个成语，递接者再以开头者那句成语尾字的字音或谐音为自己要说的成语的首字字音，依此类推。如：“半路出家”接“加官进位”接“蔚为大观”接“冠冕堂皇”……

用同样的方法还可以进行名句接龙练习。如：“春风不变阳关雪，桑叶先知胡地秋”接“秋风萧瑟天气凉，草木摇落露为霜”接“霜严衣带断，指直不得结”接“结庐在人境，而无车马喧。问君何能尔？心远地自偏”……

2. 故事接龙练习。由若干人即兴编讲同一个故事。练习指导者可随时打断讲述，指定另一个人按人物和情节合乎逻辑的发展线索，迅速将故事续编下去，依此类推。

成语接龙，名句接龙，故事接龙，都需要以一定的知识储备为基础，都需要在全神贯注，高度集中，同时又能合理分配注意力的情况下进行。因此，这三项练习，对培养注意的稳定能力，注意的分配能力和扩大注意的范围，效果良好。

二、知觉的练习

知觉是我们对作用于感觉器官的客观事物的各种属性、各个部分的整体反应。

即兴口语表达是一个复杂的思维过程，也是一个综合的实践过程。加强知觉的练习，对于促进思维的发展、提高口语表达能力，是至关重要的。

知觉的主要特点是：整体性、选择性和理解性。

知觉的对象是由不同部分构成的。一个既有多种属性又有整体性的事物，被感知为一个有机、统一的整体。

加强整体性练习，目的在于提高我们透过个别现象，抓住事物的本质和规律的能力；提高我们归类合并、浓缩提炼、整理加工语言的能力。

我们进行知觉活动时，常常在许多对象中优先地把某些对象选择出来予以反映，或者在一个对象的许多特性中优先地把某些特性选择出来予以反映，这就是知觉的选择性。

注意的指向性，是对一定事物的选择。加强选择性练习，目的在于使我们剔除杂质，取其精华，在丰富的材料中，选择出重点，选择出最需要的东西，为即兴口语表达服务。

人们对对象进行感知时，总是用以前获得的有关知识和自己的实践经验来理解所知觉的对象。

理解性是知觉的核心。只有在理解的基础上，才能整体、深刻地把握事物，并高效、精当地做出选择。

练习

1. 编播“本周要闻”“本月要闻”“本季度要闻”“本年度要闻”。

2. 品评名家名作（可以是一张画，一部书，一部电影，一部剧作，一首名曲，一段播音作品……）

以上两项练习的目的在于，通过培养分析、判断、鉴赏、品味的能力，加强知觉的整体性，选择性和理解性。

练习示例

品评米开朗基罗的《大卫》。

品评实录：

米开朗基罗的《大卫》显露出惊人的力量感。这并不是由于大卫已具有成熟男子的体魄：他的体形纤细，躯干瘦长，颈部粗壮，头颅硕大。他的手很大，两只胳膊的肌肉，还显出未成年人的细嫩。

大卫的圆形的脸庞也保留着青年人的特点。他的力量感也不是来自激烈的动作，因为大卫只是站立在那里。他的重心放在一条腿上，一只手臂向下垂着，另一只手臂松弛地拽着肩上搭的投石器的皮带。

大卫的力量感来自米开朗基罗对他面部表情的塑造。他平直的鼻子表现了倔强的性格，紧闭的双唇显示出藐视任何困难的决心，皱起的前额和紧蹙的双眉显露出义无反顾的精神。另外，对肢体的刻画也同样突出了大卫的力量：他的手臂青筋隆起，这是以前人们从未表现过的；他颈部突出的肌腱说明他动作十分敏捷。[①]

点评

品评者在认真观察和感受的基础上，围绕《大卫》所显露的“力量感”这一重心，从整体到局部地对作品进行了细致的分析，清楚地表述出自己对《大卫》所体现的精神的理解。

三、记忆的练习

写文章的时候，需要什么材料可以去查工具书、去图书馆；口语表达所需要的一切材料则只能从记忆的仓库中寻找。现想现说、稍纵即逝的特点，不允许反复修改、查找资料，因此，要想在话筒前、镜头前出口成章，就要靠平时的学习、在实践中的日积月累。只有“记忆仓库”备货齐全、品种充足、花色繁多，即兴口语表达才能运用自如，“得心应口”。

为了一定的目的和任务，采取一定的措施和方法，经过必要的意志努力去进行识记以取得记忆的结果，这叫作有意识记。在有意识记这一思维过程中，不仅要服从记忆的最高任务，还要使这一活动具有高度积极性和自觉性，才能达到良好的效果。

人对一切事物的记忆，都是从识记开始的，识记就是信息的输入和编码的过程。记忆的基本条件是理解，只有理解了的东西才能记得快，记得牢。例如科学定义、定理、规

---

① 品评实录引自《世界艺术史图集》，上海文艺出版社，1999年1月。

律，或文艺作品等等，这些材料本身是有意义的。我们首先要找出材料本身的内在联系，再找出新材料与自己已有的知识之间的联系，懂得了这些意义，就能比较容易地记住这些材料。

需要识记的内容是多种多样的，所以，识记的要求和方法也应该是多种多样的。可以记一篇文章的基本思想、观点、内容；也可以在理解了全文的论据和逻辑关系之后，运用提纲进行记忆；可以逐段逐句地全文背诵；也可以记下精采的词语。另外，对一些抽象的概念、数字以及人名、地名等等，还需要进行机械识记。

以上诸方面能力的培养，构成了口语表达基础练习的主要内容，打好坚实的基础，即兴口语表达能力才能有系统、稳步地得到提高。

第二节

思维方式的练习

人们是用语言来表达思想的，思想是思维活动所产生的结果，语言是思维的直接现实。人的思维活动是认知过程的高级阶段，“思维是在感性认识的基础上形成概念，并且运用概念进行判断和运用判断进行推理的过程。”

思维能力的培养，在即兴口语表达这一系统工程中占有重要的位置，加强思维能力的训练，目的在于提高即兴口语表达思路的畅达性、反应的敏捷性、推理的缜密性，使即兴口语表达过程形成活跃、积极的思维状态。

一、发散性思维与收敛性思维

发散性思维，“是指思路从某一中心向不同层次、不同方向辐射，从而引出许多新的信息的思维方式。”① 它“是一种开放、多向、立体的思维空间，而不拘于点、线、面上的推延，能够把你所拥有的资料、知识和信息‘用足’。其思维模式如空间爆炸状，即由一个点向任何空间放射出去，每一条轨迹，都可以形成思维的过程，最终达到目标，则成为解决问题的办法。”②

在临场即兴发挥的口语表达过程中，发散性思维可以帮助我们扩展思路，围绕一定的主题、观点，调动记忆“仓库”中尽可能多的知识储备，并通过想象和联想，快速搜索形象化、具体化、生动、鲜活、贴切的论据用以说明、支持论点。

集中性思维，“是将许多新的信息围绕中心进行选择、归纳和重新组合。”③“和‘发散性思维’相同之处是，在这一思维活动中，先要尽量多地占有信息材料，尽量地拓展思路，善于辨识、分析、把握、挖掘它们，并将其序列化，使之具有‘活力’。而不同于‘发散性思维’的运动轨迹在于：不是从一个‘爆炸核心’点向尽可能多的想象空间去发散，去创造更新的内容；而是从无数个点上进行向‘心’运动，

---

① 由国家教委师范教育司组编的《教师口语》180页，北京师范大学出版社，1996年4月北京第2版。

② 赵航：《选题论》第31页，辽宁教育出版社，1998年7月。

③ 由国家教委师范教育司组编的《教师口语》180页，北京师范大学出版社，1996年4月北京第2版。

把已知的信息、材料及可利用的各种因素向一处收束、聚焦、集约。”①

如果说，发散性思维的特点是一个“放”字，其练习的重点就在于加强思维的开阔度；集中性思维的特点是一个“收”字，通过练习，要能够在“放”的基础上，将无数活跃的思维的闪光点，经过提炼，浓缩，优化组合出有价值的共同的属性、共同的本质，得出带有普遍性的结论，追求即兴口语表达的深度。

练习示例

餐桌上的变迁

第一步：漫话五十年来“餐桌上的变迁”，进行发散性思维的练习。

第二步：通过对“漫话”所涉及材料的选择，加工，整理，围绕“餐桌上的主角正在变化”“副食地位逐步提高”“饮料成了餐桌上的新宠”等方面并紧扣“从餐桌上的变迁，看社会生活的变迁”这个题目，再集中而深入地提炼出一段话，进行集中性思维的练习。

练习实录：

百姓的餐桌虽然不大，但却是社会生活变迁的见证，也

① 赵航：《选题论》40页，辽宁教育出版社，1998年7月。

是人民群众生活水平的晴雨表。要说五十年来，我国人民生活水平提高了多少，仅从小小餐桌上的变化我们就可见一斑。

餐桌上的主角正在变化

想想在五六十年代，采买粮食对一个家庭来说，可是一件最重要的事情，每月家庭收入的分配中，买粮食是一项最硬的开支。每个家庭每月把分配给的粮票买成大袋小袋的粮食先扛回家，这日子过起来才踏实。那会儿，餐桌上能保证米饭、白馒头，能保证有点吃饭的菜，人们已很知足了。至于科学用餐，营养搭配，那是近几年的事儿。那会儿，孩子们的愿望总和“吃”有关，平时盼着家长哪天把分配的一点点猪肉票买了肉回来，那就跟过节一样高兴，到了逢年过节，就盼着能大鱼大肉地足吃一顿。

如今，能吃饱自不必说，人们追求怎样吃得更好，吃得更科学。随便到商场转转，以米和面为原料的主食，也可谓是花样不少。据一份调查表明，如今我国城市居民的餐桌已是主食不主，副食不副。现在很少有家庭还像过去那样大袋小袋往家扛粮食，而是吃多少买多少，以图新鲜。粮店现在也看不到25公斤、50公斤装的粮食了，代之是5公斤、10公斤装的小包装。

过去是家里没粮，心里发慌，尤其是农村家庭，家里没有存粮，赶上年景不好，说不定还有吃不饱的危险，现在几乎没有人再为此而发愁了。据农业部统计，我国粮食在50年里翻了3.3倍，去年，我国的粮食产量达到4.9亿吨以上，人均粮食拥有量比建国之初增长了1倍，随着农业科技水平的提高，我国粮食产量正稳步提高，仓满囤足，买粮自然也就不会那么紧要了。

副食地位逐步提高

如今，家庭主妇摆上餐桌的，不但主食花样繁多，副食也丰富多样。虽然，我国人均粮食占有量不断提高，可人均粮食的消费量却呈下降趋势，这其中的重要原因是副食品的消费量大大增加。

据有关部门提供的数据表明，我国在建国后的50年里，水产品、肉类、禽蛋和奶类的产量均比1949年增长了数十倍，仅畜牧业产值在农业总产值中的比重就由1949年的12.4%提高到1997年的31.3%。我国的禽蛋和肉类产量先后跃居世界第一位，我国人均占有肉类超过世界平均占有水平，蛋的人均消费量超过发达国家平均占有水平。

如今，走进菜市场，各种蔬菜、水果应有尽有，即使是北方的冬天，装进百姓菜篮子的再不是过去的“老三样”，而是来自天南地北的时令新鲜瓜果蔬菜，不仅如此，人们时常还会见到一些叫不出名的新品种蔬菜、水果，这些大多是来自全国各地的新品种，甚至许多是从外国引进的品种或直接进口的。

如今，孩子们的父母经常为孩子的吃饭问题而发愁，因为，在几十年前，被孩子们视为过节般的鸡鸭鱼肉美味，对如今的孩子们来说，早已身价大跌，今天的父母们总是抱怨孩子的嘴太挑，不知道要做出什么来才能让他们新鲜一回，其实，不光是孩子如此，就是大人们，如今的生活水平也让他们的口味变得挑剔起来，吃肉不光挑肥拣瘦，还时不时想换换口味，又要讲究营养丰富，于是，这几年我国大力引进优良品种，开发出中国荷斯坦奶牛、草原红牛、新疆细毛羊、东北半细毛羊、哈白猪、新金猪、上海白猪、北京黑猪、北京白鸡等数十个新的畜禽品种。

据专家介绍，为了适应我国人民喜食猪肉的习惯，我国大力开展了瘦肉型猪的开发研究工作，如今我国的猪肉瘦肉率已达到70%以上，不仅如此，我国还大力开拓新的肉食品市场领域，近几年我国的驴肉、鸵鸟肉的市场份额不断扩大，此外，过去身价百倍的甲鱼，随着养殖量的增加，如今也早已进入了寻常百姓家。

俗话说，巧妇难为无米之炊，正因为我国畜牧水产业在50年代里取得了如此成就，才使得我国人民群众家家的餐桌日益丰盛起来。

饮料成了餐桌上的新宠

与过去饮料只是餐桌上的点缀相比，现在，饮料在餐桌上具有了举足轻重的地位。

在过去的年头里，亲朋好友相聚，餐桌上能说得上的饮料就是白酒，可现在就不同了，男士们相聚，啤酒是少不了的，女士们就复杂多了，有的喜欢葡萄酒，有的青睐养颜的饮料，有的要求饮料不含糖份，有的干脆只喝矿泉水，对于今天的饮品市场来说，满足这些要求都轻而易举。

要说现在的饮料究竟有多少种，谁也说不清，人们只看见电视的黄金时段里播着大量的国外、国内的各种饮料广告，走进商店，五颜六色的瓶装、罐装、桶装饮料虽然多得有点让人不知所措，可还是挡不住人们成捆、成箱的购买热情。

与几十年前烈性白酒一统天下的情形相比，如今百姓餐桌上的饮品成多样化的趋势，烈性白酒早已失去了大部分的市场份额，就连随后开发的低度白酒，其市场份额也正在萎缩，代之是果酒、果品饮料的兴起，葡萄酒、干红、干白正在成为市场的新宠。随着我国饮料市场的不断扩大，一些外国产品也相继进入我国，更使得酒类、饮料市场丰富多彩。

俗话说，大河里涨水小河里满。建国以来，我国的农业、畜牧业、轻工业取得了辉煌的成就，社会物资财富取得了极大的增长，而这种增长直接提高了人民群众的生活质量，才使得我们的餐桌在几十年里发生了如此大的变化，百姓餐桌上日益丰盛起来，是和我们国家日益富强起来联系在一起的，透过餐桌的变迁，我们更为国家的繁荣进步而自豪。①

二、正向思维与逆向思维

“正向思维是指常规的思维方式，逆向思维，是指与常规思维反向的一种思维方式。”②

加强非常规性和灵活性的逆向思维练习，有助于我们在

---

① 练习材料参考金振蓉：《餐桌上的变迁》（《光明日报》1999年9月5日第1版）。

② 《教师口语》181页。

思考一个问题的时候，敢于打破盲目的思维定势，摆脱固有观念和思维框架的束缚，在现成的结论面前，能够提出疑问，能够“采取与传统观念相反的方向和与传统观念相对的方法来进行思考”，使即兴口语表达能够以创新的精神，在求异思维中，从新的角度探索问题并得出新的结论。

练习

将学生分为正方和反方两组。正方同学按正向思维方式，反方同学按逆向思维方式对下列题目进行阐述和辩论。

1. 不应以成败论英雄
2. 网络使人们更亲近
3. 拒绝毒品，教育比惩治更有效
4. 事业成功，奋斗比机遇更重要
5. 高薪能够养廉[①]

练习示例

辩题：（正方）真理越辩越明
（反方）真理不会越辩越明

辩论实录：

正方一辩：谢谢主席，各位评委，各位来宾，对方辩友

① 辩论题目选自《“蓝带杯”1998年全国大专辩论会》。

大家好。为政论政，在商言商，辩论会自然要涉及到辩。今天我方的立场是真理越辩越明，真理是人们对客观事物及其规律的正确认识，所谓辩则是以一定的逻辑基础为规则通过摆事实、讲道理的方式与不同的观点交流、交锋。而明即清楚明晰，真理越辩越明就是说真理在与其他思想的论辨中更加清晰明白。人类的历史是追求真理，探索真理，传播真理；近而摆脱蒙昧、无知、愚笨的历史。我们热爱真理，敬仰真理，正如亚里士多德所说："吾爱吾师，吾更爱真理。"然而，认识真理的过程并非一帆风顺，它是一个去伪存真、去粗取精的过程。在这一个过程中，辩论是必不可少的一个环节，人们为了寻求真理，要同无知辩，同偏见辩，向未知挑战，与荒谬斗争，同强权抗衡。俗话说：鼓不敲不响，理不辩不明。人们在长期追求真理的过程中，正是认识到了真理越辩越明的道理。当然，我们并不否认实践在探索真理和检验真理中的巨大作用。它是必要条件，而我们认为辩是使真理明的充分条件。

第一，在认识真理的过程中辩可以使认识由片面到全面，由含混到清晰，由肤浅到深刻。大千世界万物运行，无数规律隐藏在表象的背后，需要我们去探索、去检验。然而，人们的认识水平是有限的，正所谓人非生而知之者，孰能无惑。于是，人们用辩来辩明真假，用辩来裁决真理和谬误。在辩的过程中，真理逐渐由萌芽走向成熟。

第二，在真理的传播过程中，辩可以为大多数人所掌握。真知灼见产生之时，习惯与偏见就早已站在他的面前，他们的力量是如此强大，以至于真理最初只被少数人掌握。但星星之火可以燎原，正如古罗马的李维所言："真理之火有时会变得暗淡，但它永远不会熄灭。”真理与谬误的争辩终将以真理的胜利而告终，而真理之光必将照亮整个人类。谢谢大家。(掌声)

主　　席：谢谢崔同学，下面我们请反方的第一位代表萧俊仁同学表明立场，他的时间也是3分钟。

反方一辩：大家中午好。第二次世界大战的时候，英国人说：“我是为真理而战。”德国人也说：“我是为真理而战。”就连法国人也说：“我是为了真理呀！”大家都各言其说。结果我们发现真理是什么？真理是躺在地上千千万万的尸体呀！培根说：“研究真理，认识真理和相信真理，那是人最崇高的美德。”真理是对客观事物本质及其规律的正确认识，它又可分为主观与客观真理，我觉得今天的主席非常英俊，这是主观真理。地球绕着太阳转，这只是客观真理。辩只是一种行为，不是规律，它建立在两个或更多的对立观点之上。对方辩友犯的最令我们遗憾的错误就是将辩等同于一定是善的，讲道理、说真话就是辩，可是，在现实的生活中辩是这样子的吗？辩论的人一定讲道理吗？辩论的人一定说真话吗？（掌声）显然不对呀。而我方今天要说的口舌之战，笔墨之战就是辩的表现了。而越辩越明则是指将真理从局部到整体、从相对到绝对的整个不断升华过程。

真理不会越辩越明。

一、真正使真理明朗化的要靠经验累积，实践领悟。而辩则是独立于人类寻找真理的整个过程之外。他只是提供了一个场合，让更多不同的思想、不同的意见可以发表出来。但是，辩本身是不具备生产性的。辩所带出的种种思想并不能实现何者更接近真理，因为我们能说获胜的一方就更接近真理吗？不。真正使真理更明的要靠研究要靠实践。

二、辩这一行为由于有人的介入，使得行为有了种种的局限，从人性的不完美到权力的介入，从表达的缺陷到语言的局限，都使人们在现实的生活中无法真正将自己的思想表达出来。

三、一些真理根本不会越辩越明，许多哲学命题与主观真理无论怎么辩也辩不明，知难行难何者更易？可否统一。请问被辩明了吗？一个圆形不会因为我们的辩论而变成正方形，一加一等于二也不是辩论而来的。像这样不辩自明的例子，更是比比皆是。

综上所述，辩本身并不能将真理的不明之处明朗化，感性之处理性化。主观之处客观化。谢谢。(掌声)

主　　席：谢谢萧同学。下面我们请正方的另一位代表王雁宏同学发言。她的发言时间也是 3 分钟。

正方二辩：谢谢主席，大家好。刚才对方对我们说，一加一等于二是不辩自明的，那么请问，在歌德巴赫猜想中，一加一等于二这个例子都辩了好几十年，能说他们没在辩吗？第二、对方说我们的辩是不以事实为基础的，可是我方说过，我方的辩就是要以事实为基础，如果对方把狡辩、诡辩都叫辩，那么请问，海马难道也是马，蜗牛也是牛，青春痘也是豆吗？（笑声、掌声）下面我将从理论的层面进一步阐述我方的观点。

我们说真理之所以越辩越明，这主要是由真理的特点决定的。众所周知，客观事物都是由各种因素构成，又处在不断运动变化和发展之中。而人们认识能力经受着历史条件和社会环境的制约，同时又受着自身的立场观点和方法的影响。所以在认识真理这个复杂的过程中，思想的交锋是必不可少的。而辩则是使真理澄清的充分条件。

第一，辩是使人们认识真理的动力之一。因为辩是一种思想的交锋，在这种交锋的过程中，它所产生的种种问题往往能够激发人们去进一步思考以求获得真理。其实历史上的很多发现都是开始于对以往成就的怀疑与争论，例如波粒二相性的理论不就是在波动说与微粒说的争论中创立的吗！

第二，辩是使真理发展的动力之一。任何客观科学真理的存在，都不是一成不变的。我们说《文心雕龙》中曾经告诉我们：论如析薪贵能破理。这种辩论就给人们集思广益提供了一个充分的条件，特别是在辩的过程中也暴露出对原有知识的疑难和缺陷。从而促使人们进一步思考问题，更加深入地去探讨问题，使原有的认识逐渐地正确、精深与完善。

第三，辩是检验真理的重要环节之一。我们说检验认识，它其实也是探索真理的一个重要组成部分。而带着批判性的眼光去衡量则是一个行之有效的检验方法，西方著名的科学方法论大师波普尔就提出了猜想反驳的科学观，可见辩是排除错误确认真理的一个重要环节。

最后，辩是使真理常新的有力保障，任何真理都离不开一定的条件。一旦条件发生了变化，那么真理也将随之而改变。如果人们不继续去探索真理，那么真理最终也会变成一堆死的教条。而辩则是防止真理僵化的有效的途径。通过以上 4 点，我们不难看出，辩在真理明的过程中其实是起到了十分重要的作用啊！所以我方认为真理越辩越明。谢谢大家。(掌声)

主　　席：谢谢王同学的发言。下面我请反方的另一位代表林酞荃同学发言，时间是3分钟。

反方二辩：谢谢主席，各位好。先指出对方的几个错误。

第一，对方主辩告诉我们把所有的思维活动等同于辩论，那么请问对方辩友，我们今天在打麻将的时候也有思维活动，那对方同学在打麻将的时候是四角辩呀还是三角辩呀！

第二。对方一辩也告诉我们，辩论是寻求真理的充分条件，充分条件这个逻辑概念就是有之必然，也就是说我方只要提出一个反例就能把对方打倒了。那我请问对方辩友，对白马黑马的辩论辩出真理了吗？如果辩不出真理的话，那么对方的充分条件又如何成立呢？

第三，对方说一加一是不能够辩出真理的。然而，对方又如何从一加一辩出三来呢？始终不能啊！一加一是一个不证自明的真理呀！

第四，对方辩友告诉我们，狡辩不算是辩，但是请问对方辩友，复制羊不是羊吗？试管婴儿不是（婴）儿吗？（掌声）辩论作为一种行为模式，是无法与现实生活相隔离的。今天对方所犯的最大错误就是把立论建立在一个假想的理想世界当中。然而理想是理想，现实是现实，在现实世界之中，有权力的介入，有人性的不完满，以及有情绪的障碍。真理能够越辩越明吗？150多年前英国国会通过辩论决定对中国发动鸦片战争是真理吗？美国国会经过一次又一次的辩论，通过一个又一个支持以色列的议案，对方说真理越辩越明，岂不是要告诉我们以色列人欺压巴勒斯坦的暴行也是真理吗？我方4位辩手不认为IQ比EQ价更高，我方4位辩手也不认为先天遗传比后天环境更重要。然而，今天我方之所以能够站在这里辩论不就印证了真理始终不会越辩越明吗？(掌声) 辩论必然是要运用语言的，而我们都知道语言是有局限的，老子就说过：道可道，非常道，名可名，非常名。而我们在辩论电影明星巩俐还是张曼玉谁更有气质的问题时，有人说气质就是明眸皓齿，又有人说气质就是谈吐大方。像气质这种概念模糊的字眼在辩论上可谓是比比皆是不胜枚举。辩论又如何通过语言越辩越明呢？谢谢。(掌声)

主　　席：谢谢林同学的发言，下面我们请正方的第三位代表王慰卿同学继续阐明正方立场，时间 3 分钟。

正方三辩：谢谢主席，大家好。今天对方辩友告诉我们，说辩就是不讲道理，不说真话。那么我请问如果大家都不讲道理，都不说真话，那还叫辩吗？正是因为有人说真话，有人说假话才要辩，才能辩出真理。对方辩友刚才说我方是认为所有的思维活动都叫辩，可是你听清楚我方的话，在不同的思想进行交锋时那才叫辩。如果打麻将大家都是一个思想，那叫辩吗？(掌声) 对方刚才又说鸦片战争中辩论出的结果就是真理，对方是在告诉我们强权就是真理吗？(掌声) 下面我将从事实层面，进一步阐述我方观点。

社会的发展需要真理，真理的发展需要辩论，人类社会的每一次进步都伴随着对真理的争辩。在科技史上不断的辩论使科学的真理越来越明。达尔文的《物种起源》刚一出版大主教温博胡就组织辩论大会，企图扼杀进化论思想，但结果呢，进化论反而在辩论中得到了传播和普及。正如伟大的科学家伽利略所说："真理就是具备这样的力量，你越想攻击它，你的攻击就越加充分地证明了它。"法国科学家普鲁斯特为了探索定比定率同贝索勒进行了9年的争辩，在这期间贝索勒向普鲁斯特提出了种种质疑，迫使他潜心研究，终于发现了定比定率。当人们为普鲁斯特庆功时，他执意要将一半的功劳归于贝索勒，因为他知道，正是贝索勒的质疑和这9年的争辩才使他获得了成功。春秋战国时期的诸子百家在争鸣中形成了各自的学说，开创了中华五千年文化的轴心时代，为中国思想的发展奠定了坚实的基础。魏晋时期的名士挥洒倾谈，在辩论风云中唤醒了人的解放，文的自觉。在近代中国的风风雨雨中，从洋务运动的自强振兴，到维新运动的变法图存，从辛亥革命的驱除鞑虏到新文化运动的民主科学。又有哪一次进步不是伴随着同守旧思想的激烈论辩呢？即使在现代社会，人们的生活也与辩论密不可分。学子求学离不开对知识理念的论辩，先生治学离不开对学术思想的论辩，国家的治国方略大政方针更是离不开严谨周密的论辩。中国著名的三峡工程，就是经过了几十年的激烈论辩，最后终于拿出了一套科学稳妥的方案，使这项跨世纪的工程真正造福于亿万人民。综上所述，古往今来无数事实告诉我们真理越辩越明。谢谢各位。(掌声)

主　　席：谢谢王同学，下面我们请反方的第三位代表周添健同学继续说明反方立场，时间是3分钟。

反方三辩：谢谢主席，对方辩友告诉我们人不是生而知之，这点我方承认。但，我们知道孔子告诉我们要学而知之，可没告诉我们要辩而知之呀！对方辩友告诉我们强权的介入，对呀。正是因为强权的介入，才使真理不会越辩越明，这点不是印证了我方的立场吗？对方辩友提到三峡工程，我倒请问对方辩友，三峡工程到底是辩出来的呀！还是建起来的呀？（掌声）对方辩友告诉我们推翻前任理论也叫辩，那我就奇怪了，爱因斯坦推翻牛顿的理论，对方辩友是否要告诉我们爱因斯坦和牛顿在进行辩论吗？（掌声）对方辩友又告诉我们百家争鸣的历史，对呀，百家争鸣时代不是大家各说各话吗？到最后谁是真理呢？到底是性善还是性恶，知易行难，还是知难行易呀？到今天还没有定论呢！真理不会越辩越明，已从无数的事实中一一获得证实。

第一，千百年来许多的哲学命题经历了无数智慧超群的先哲们的唇枪舌剑，到今天仍然是公说公有理，婆说婆有理。两千多年前，孟子的性善论和荀子的性恶论已为我们开设了一个激烈的辩论舞台。4 年前，台大和复旦代表还在这舞台之上为这一千古难题而争论不休呀！再看看庄子和惠施为了鱼是否快乐进行了一场古人津津乐道的辩论，可是，有了这场辩论之后，对方辨友能告诉我鱼是快乐的吗？

第二，心灵层次的真理要靠觉悟。佛陀在菩提树下静坐冥思，最后悟出人生的真谛。这是辩论所造的吗？如果佛陀热衷于辩论，想必他也没有多少时间去明心见性去追求真理了。

第三，真理的检验要靠实践。邓小平先生说得好，不管黑猫白猫，会捉老鼠的就是好猫。好猫还是坏猫不是由辩论决定的，再不会捉老鼠的猫在辩论中把它称赞得天花乱坠它仍然不是好猫啊！（掌声）

第四，主观真理不会越辩越明。一朵花是否漂亮，一种食物是否美味。天龙八部与神雕侠侣何者更为精采？可是见仁见智啊！多几场辩论或许能够产生一些新的意见，但你能告诉我这会辩出真理吗？谢谢。（掌声）

主　　席：谢谢周同学，经过正反两方前3位代表的陈词之后，接下来又是他们施展辩才的时刻了。在自由辩论开始之前，让我提醒双方代表，你们各队有4分钟的发言时间，那么正方必须先发言。一方发言之后，另外一方要马上发言，否则时间照计。好，现在我宣布自由辩论正式开始。

正方四辩：请问在定比定率的过程中难道不是真理越辩越明吗？

反方一辩：对方辩友那么推崇辩，那么就请你们以辩来论证地球是以23.5度来绕着太阳转的。

正方一辩：对方辩友看来你是无法解释我方提出的这段科技史上的佳话，请问对方辩友，你们如何解释波普尔的猜想反驳定理呢？

反方二辩：对方告诉我们辩论是一种充分条件，对方是不是告诉我们辩论必然带来真理呢？那么请对方以辩来论证地球是以23.5度环绕着太阳运行的。(掌声)

正方三辩：对方今天错误地理解了我们今天的辩题，我们说充分条件是说既有真理又有辩存在的情况下，真理越辩越明，对方根本排除辩的存在。请问这又如何论证你方的观点呢？(掌声)

反方三辩：如果必须有其他的条件配合，那么辩论如何还是追求真理的充分条件呢？再请问对方辩友，遗传之父曼德尔他是通过豆苗的试验还是豆苗进行辩论来找到遗传的定律呢？(掌声)

正方二辩：我不得不提醒对方注意，今天我们讨论的是辩能不能使真理明的问题。可是对方举出了各种实例都没有变得参与其间，根本就没有辩，如何论证你方观点呢？(掌

声)

反方四辩：谢谢对方辩友，终于退了一步，我们知道许多的真理根本不用靠辩，就好像曼德尔找出遗传的真谛是没有经过辩这个过程的啊！

正方四辩：既然对方辩友都不承认有辩，那我们今天命题你们又怎么论证，真理不会越辩越明啊！

二方四辩：谢谢对方辩友终于承认了辩不是一个充分条件，因为在许多条件之下辩是不需要存在的。再请对方辩友解释一下星球之间的距离、轨道之间的引力是如何通过辩来论证的呢？(掌声)

正方三辩：对方辩友并没有回答我方刚才提出的问题，我想请问，难道所有的真理都不要辩了吗？我们今天打个比方，我方认为人越长越胖，对方说人不会越长越胖，今天你根本说没有人，根本就不会长，那又如何论证今天的命题呢？(掌声)

反方一辩：对方辩友一再逃避我方的问题，那么如何把真理给辩明呢？刚才对方辩友还是提到维新论法，维新论法是一种规律，它不是一种辩的方法，请你不要混淆了。既然对方辩友的所谓辩不能在科学方面辩出来，那就请问对方辩友上帝爱世人，如何越辩越明啊？

正方二辩：对方老说事实是很重要的，难道我们说事实能解决一切吗？要让人相信人是由猿猴进化来的，是不是要牵来一只猴子把它变成人我们才相信呢？(掌声)

反方二辩：对方辩友搞错了，今天我们由猿进化到人的过程当中，我们是要用科学的检验来答之，而不是辩。对方辩友请您论证我方主辩所提的上帝爱世人这个神圣的命题是如何通过您方的辩论辩出来的呢？

正方四辩：我倒想问对方辩友，你是如何通过科学检验人是由猿进化来的呢？

反方四辩：让我们谈谈造神论的命题吧，对方辩友还没有回答刚才我方问的一个问题，就是上帝爱世人，上帝的存在是不是靠辩出来的呢？（掌声、冷场）

正方二辩：首先我想请问对方辩友，对方问我们上帝存在是不是人造成，那么请问对方首先承认不承认有上帝的存在呢？

反方三辩：按照对方辩友说法，真理的相对面就是谬误，说上帝不存在，是否说全世界的基督教徒都在相信一个谬误呢？

正方一辩：我更知道在宣传圣经的过程中，人们是提倡辩论的，请问对方辩友你们是怎么样用科学的方法告诉我们猴子是怎么变成人的呢？

反方二辩：对方辩友搞错了，上帝爱世人这个是不证自明的辩理，难道还要通过辩来答之吗？（笑声）我们再请问对方辩友，佛家讲求顿悟为什么不讲求辩悟呢？

正方三辩：刚才台下的一片嘘声就说明了对方的观点到底是不是一个真理。（掌声）那么，这个姑且不谈。对方辩友刚才说得好，不证自明，这是一个不证自明的真理，那么我们现在要谈论在有证的情况下如何是明还是不明。对方刚才说国家，我们也来谈国家。敦煌壁画中著名的维魔杰精辩图，讲述的就是文殊菩萨和维魔杰辩论佛法的道理。连佛都在辩呀，对方辩友。（掌声）

反方一辩：那不是要告诉我们所有的出家人都不用敲木

鱼不用念弥陀了，拿着麦克风搞搞辩论就算了。(掌声)

正方二辩：对方说真理不会越辩越明，那么我请问我们在学校里要开展师生之间的讨论，难道这讨论来讨论去就是让我们越讨论越糊涂吗？(掌声)

反方二辩：对方首先就搞错了辩论，把辩论等同于讨论，这是对方辩友概念上的错误。真理怎么会越辩越明呢？对方说辩论是一种充分的条件，又告诉我们许多情况下不需要辩论，对方这个逻辑上的矛盾如何解释呢？

正方三辩：我方说的是有辩的存在的情况下真理会越辩越明，这就是我方的立论基础，我倒要请问对方假如说真理越辩越不明的话，面对科学史上许许多多真理辩明的例子你们又是如何解释的呢？(掌声)

反方四辩：对方辩友刚才终于承认了，有辩的情况下真理一定会搞出来，但是我想请问对方辩友，白马黑马也是有辩的情况，真理搞出来没有？

正方四辩：难道在座的各位有谁相信白马不是马吗？

反方一辩：所以这就论证了辩论不一定会带来真理，你方的充分条件就已经不能成立了呀！对方辩友不断告诉我们进化论。我只听过达尔文是环绕世界的时候经过经验的累积发现进化论的。可不是辩论辩出来的啊！

正方一辩：请问达尔文在探索真理的过程中，有没有思想的争辩呢？如果没有那可是全盘接受的呀！

反方三辩：这关键还在于考古学呀，对方辩友刚才提到权力，我们知道权力的介入使真理不会越辩越明。赵高能够指鹿为马，连鹿都可以变成马，真理如何越辩越明呢？

正方三辩：对方辩友刚才将辩推到了极致，那么有必要

我们就要天天辩。那么我举个例子，我们今天人们需要吃饭，难道说我们就要每时每刻都要去吃饭吗？岂不要撑死大家啊！（掌声）

反方一辩：对方辩友这么说的原来把思辨也等同于辩，那么今天我在想，我要吃饭还是吃面，也是你方所谓的辩了！（掌声）

正方二辩：我们说对方狭隘地把辩仅仅以为是诡辩和狡辩，我们一再说，我方的观点可是以事实为基础的，请问对方辩友，关于克隆人是利大还是弊大的问题，难道用事实真的去克隆一个人好吗。让我们看看利大还是弊大。我们今天还讨论什么克隆人利大还是弊大呢？

反方四辩：对方辩友告诉我们思辨也是辩，那么神经病院里的神经病人时常也跟自己讲话，请问你是说他们自己辩论吗？（掌声）

正方四辩：对方辩友说诡辩也是一种辩，那么我倒想请问了，你能说《笑傲江湖》里的桃谷六仙，喋喋不休、纠缠不清也是辩论吗？（掌声）

反方二辩：对方说为真理而辩就能带来真理，为诡辩就不能带来真理，对方辩友不要忘记你们今天是一个全称性的问题。有时辩会带来真理，有时辩不会带来真理，你方的立场能够成立吗？（掌声）

正方一辩：我们一再强调，为真理而辩真理越辩越明。医生告诉我们吃水果有利健康。而对方辩友却说了运动才能使身体健康，所以吃水果使身体健康就不对呀！

反方三辩：对方要来谈水果，我们就来谈水果吧。你要分辨一个苹果是甜的还是酸的，你是要尝一口还是辩一口

啊？(笑声、掌声)

正方三辩：有人说苹果是甜的，也有人说苹果是酸的，要不要辩呀？对方辩友刚才告诉我们只要辩，不辩就不明。那么我要请问对方辩友……（长铃声响)。

反方一辩：苹果之甜，苹果之酸，辩了3天3夜苹果都烂了还不知道，还不如吃一口就知道苹果是甜还是酸了。(掌声）对方辩友在语言表达的极限之下道理怎么会越辩越明呢?

主　　席：谢谢。(掌声）非常谢谢正反两方，经过了精采刺激的自由辩论之后，我们稍微休息一下。稍后再辩。(掌声）欢迎大家再次回到辩论会的现场，现在我们请反方的第四位代表叶纹豪同学总结陈词，他的时间是4分钟。

反方四辩：恕我喧宾夺主为对方辩友总结陈词吧！首先，对方辩友告诉我们辩是寻求真理的充分条件。让我们来看看充分条件在逻辑上的地位是什么？如果它是一个充分条件的话，我方只要指出一个例子，一个例子就足够了，一个例子在辩论的过程之中找不到真理，那对方的立论就不攻自破。那我就请问对方辩友，在很多国会议案的通过，在国会之中的辩论，认为法案的通过都是真理吗？如果不是的话，对方辩友的充分条件就不能够成立了。对方辩友认为狡辩跟诡辩就不是辩。对方辩友提出这样的概念就是要告诉我们只有找到真理的才叫做辩，不是找到真理的就不叫辩。对方辩友的这种说法才是叫诡辩呀！请问对方辩友，你们在诡辩的时候是不是在辩论呢？对方辩友只有找到真理的那才叫辩，那不是找到真理的辩论，我们为了利益而辩的时候不是叫辩而是叫什么呢？哥白尼说："人的天资在于探索真理。"今天我方与对方辩友是志同而道不合，找出探索真理的方法同样是我们的目的，但是我们认为真理不会越辩越明。对方辩友要论证他们的充分条件就要为我方解答以下六大疑问：

第一，辩论必然牵扯人的情感，在缺乏 EQ 的情况之下，真理又如何越辩越明呢？就是亚圣孟子也情绪化地骂墨子是无父无君的禽兽，更何况是我们这些凡夫俗子呢！

第二，在个人利益、群众利益交错的辩论中，为了保障个人利益，就必须谎话连篇，巧言令色，这时候真理又怎么会立得明呢？

第三，辩论有赖于语言。在构造语言驾驭能力的同时，或者是语言无法表达出抽象的概念时，辩论是在寻找真理还是在浪费时间呢？以上三个疑问既驳了对方的立论，又总结了我方第一助辩的立论。那就是现实的社会之中，不像对方所想象的，人人都是圣人，个个都是天使。在利益、语言、情绪的限制下真理是永远藏于九地之下。

而另外的三大疑问只是我方第二助辩演讲精粹。真理的揭示不是靠辩论的，也就是说，寻找真理是辩不出头绪的。

第一，如果真理是越辩越明的话，我倒要请问对方辩友，是先有鸡呢还是先有蛋呢？这个命题我们辩了许久，我是越听越不明啊。

第二，应用得非常广泛的液体力学浮体定律是阿基米德在浴缸中所悟出的真理，可不是浴缸中辩出的真理呀！

第三，面对一些必须经过实践才能发现的真理，就比如说这个电灯泡会不会发亮对方辩友是不是也要认为，也要用辩论来寻找的呢？辩论是一个不具有生产性的形式上的辩论论点冲击。辩论过后只有更多的意见没有更明的真理，只有生产性的实践和思考才是剥开迷雾的唯一手段。各位，请暂时别相信我方的话，把我方的话放在实践的土壤上让它成长，当你们察觉这是一个真理的时候，不要赞扬我们的辩才，因为那是你方的实践之功。谢谢各位。(掌声)

主　　席：谢谢叶同学，下面我们请正方的第四位代表李雪霞同学发言，她的发言时间也是 4 分钟。

正方四辩：谢谢主席，大家好。今天我们双方都需要论文论证一个全称判断。我方已充分证明了，如果有辩的参与真理就会越辩越明。可对于许多领域中真理确实越辩越明的例子，对方却始终没有给予我们一个圆满的解释。

请问，你们的立论如何站得住脚呢？而且我们所说的是辩真理，为真理辩，真理越辩越明。这里涉及到目的和态度的问题，必须要加以澄清，为真理的明晰而辩就必须要以事实为依据。遵照逻辑规则辩论论题，分析概念，列举事例，推演论证。为真理而辩目的是确认真理，与不顾事实，巧言令色，简单取巧，驳倒对方的所谓诡辩或狡辩截然不同。对方又说不辩自明的常识不用辩，那么我请问筷子插在水里是弯的，可是实际上是直的，到底是弯是直需不需要辩论呢？当然需要了吗！(嘘笑声)

宇宙浩翰无边，百万年的历史也不过苍海一粟，但人类就在这苍海一粟中认识自然，改造自然，创造出今天规律的世界，这恰是人们不懈的探寻真理，把握真理，运用真理，传播真理的结果。人类的理性就是要追求真理，追求平等、自由、民主，人类的精神就是要反对垃圾真理，反对禁锢视听，愚民政策，以势压人。为了这个世界的真善美，人们甚至以殉难的精神高扬这样的信念：要为真理而斗争。然而，宝剑锋从磨砺出，梅花香自苦寒来。每个真理的发现、发展往往都凝聚着几代人的汗水血水，凝聚着传播者为真理而辩的才智和勇气。布鲁诺为真理而辩，面对罗马鲜花广场上燃起的火焰，他说："火并不能把我征服，未来的世界会了解我，知道我的价值。"是的，我们了解布鲁诺，我们更崇敬布鲁诺，尽管为真理而辩会付出沉重的代价，但先者们的榜样无怨无悔的精神对人类的进步和发展指明了方向，已使我们坚信真理越辩越明。当我们静下心来，审视当今世界，今天的人们为了真理更需要辩。从东西文化之争，到南北之间对话，从多元化的国际政治格局，到经济一体化的多边关贸谈判。辩论无所不在。新问题需要辩，老问题也需要辩，时至今日，什么是自由，什么是人权，什么是公正仍存在着分岐。而这些只有通过各种思想的交锋，各种观点的碰撞才能寻找到真理之所在。强权不是真理，真金不怕火炼，真理更不怕争辩，让我们记住伟大思想家马克思的话吧：最好把真理比作碎石，它受到的敲打越厉害，散出的光辉就越加灿烂。谢谢各位。(掌声)

点评

在这场辩论中，双方都有既定的战术方案，而反方在辩题于已不十分有利的情况下，运用逆向思维，在现成的结论面前，勇敢地从新的角度探索问题并得出了有一定说服力的新的结论。辩论战术灵活，辩论技巧也运用得比较有效。

在这场辩论中，反方的一些诡辩术没有得到正方的有力反驳，同学们可以通过认真分析双方辩论的得失，使思维更活跃，更积极。[①]

第三节

口语表达方式的练习

在这一节里，将对即兴口语表达的方式分项加以说明，并提出练习要求。目的在于了解它们各自的特点，掌握使用的规则。

一、口头复述

口头复述是指运用口头叙述的方式重复自己说过的话、重复别人说过的话和将看过或听过的材料内容重复出来的一种练习活动。

口头复述的过程是一种把听到、看到的语言信息经过理解、加工，然后将记忆的信息内容转换为口头语言表述出来的过程。

复述要求忠实于原始材料，不得歪曲、调换主要内容，观点，情节。但它又不同于机械背诵，它是在理解的基础上，经过详略的处理，突出重点，对语言重新加以组织，基本上用自己的话转述材料内容的。

常用的口头复述练习方式有以下几种：

（一）口头详细复述

对原始材料进行十分详细的复述。用自己的话严格遵照原来材料的内容、顺序、结构，完整、准确、清楚地叙述。

① 练习示例选自 '97 国际大专辩论会决赛辩词。

在此基础上，可以适当将复杂的语法结构调整得简单些，或将长句子化为短句子，将书面语化成通俗易懂的口语。

持之以恒，循序渐进地进行口头详细复述练习，可提高注意的稳定能力，学会全神贯注地将注意长时间集中于一定的对象；可加强记忆能力和按照逻辑线索全面把握材料内容的能力，使思维具有条理性，使口语表达具有连贯性。

练习

1. 听一篇社论或是报告的录音后，要求准确把握语义，把握词与词之间、句子与句子之间、段落与段落之间的连接关系，然后进行详细复述。

2. 听一段内容比较零散的采访录音，要求边听边记要点，透过零散的语言“碎片”，迅速而准确地理清谈话双方的思路，然后进行详细复述。

练习示例

文言文的复述练习

邹忌讽齐王纳谏（《战国策》）[①]

（左为原文，右为复述实录）

邹忌修八尺有余[②]，形貌昳丽[③]。朝服衣冠窥镜[④]，谓其妻曰：“我孰

邹忌身高八尺以上，体形容貌俊美。他穿着礼服戴上冠对镜子细看，问他的妻子说：

与城北徐公美?”其妻曰：“君美甚，徐公何能及公也!”城北徐公，齐国之美丽者也。忌不自信，而复问其妾曰：“吾孰与徐公美?”妾曰：“徐公何能及君也!”旦日[5]，客从外来，与坐谈，问之客曰：“吾与徐公孰美?”客曰：“徐公不若君之美也!”

“我跟城北徐公谁美?”他妻子说：“您美极了，徐公怎么能比得上您呀!”城北徐公，是齐国的美男子。邹忌不太自信，就再问他的侍妾：“我跟徐公哪个美?”侍妾说：“徐公哪能及得上您啊!”第二天，客人从外边来，一块儿坐着说话，又问客人说：“我跟徐公谁美?”客人说：“徐公不如您美。”

明日，徐公来，孰视之[6]，自以为不如；窥镜而自视，又弗如远甚。暮，寝而思之曰：“吾妻之美我者，私我也；妾之美我者，畏我也；客之美我者，欲有求于我也。”

过了一天，徐公来访。邹忌仔细端详他，自以为不如；再照镜子看自己，更感差得很远。夜晚躺着，心里在想这件事：“我妻子说我美，是偏爱我啊；侍妾说我美，是怕着我啊；客人说我美，是想有求于我啊!”

于是入朝见威王曰[7]：“臣诚知不如徐公美，臣之妻私臣，臣之妾畏臣，臣之客欲有求于臣，皆以美于徐公。今齐地方千里，百二十城，宫妇左右，莫不私王；朝廷

于是，进朝廷见威王说：“臣子确实知道不如徐公美，臣子的妻偏爱臣子，臣子的妾怕臣子，臣子的客人想对臣子有所求，都说我比徐公美。现在齐国土地方圆千里，有一百二十座城邑，国王的后宫嫔妃

之臣，莫不畏王；四境之内，莫不有求于王。由此观之，王之蔽甚矣!”王曰：“善。”乃下令：“群臣吏民，能面刺寡人之过者，受上赏；上书谏寡人者，受中赏；能谤议于市朝⑧，闻寡人之耳者，受下赏。”

左右亲信，没有一个不偏爱王；满朝大臣，没一个不怕王；一国之内；没有一个不有求于王。从这点看来，国王看不清真相就很严重了!”威王说：“说得好。”就发布命令：“当官的、当差的、当老百姓的，能当面指责我国王过错的，得上等奖；呈上书信劝谏我国王的，得中等奖；能在公共场所说坏话传到我国王耳中的，得下等奖。”

令初下，群臣进谏，门庭若市。数月之后，时时而间进。期年之后⑨，虽欲言，无可进者。燕、赵、韩、魏闻之，皆朝于齐。此所谓战胜于朝廷。

——选自《四部丛刊》本《战国策·齐策一》

命令刚发下时，臣子们上朝进谏，从宫门到殿堂好像集市一样。几个月以后，还经常有人断断续续来进谏。一年以后，即使想说，也没什么可以向上提的了。燕国、赵国、韩国、魏国听到这件事，都来朝拜威王。这就是所谓战胜敌国于朝廷之内。

注释：

①复述练习示例中复述及注释部分均引自《古文观止新编》第66－69页，上海古籍出版社，1988年12月。

②邹忌：《史记》作驺忌，齐人，齐桓公时就任大臣，威王时为

相，封于下邳（今江苏邳县西南），号成侯。后又事宣王。修：长。八尺：战国时各国尺度不一，从出土文物推算，每尺约相当于今 18 到 23 公分左右不一。

③昳：通“佚”，美。

④朝服：古时君臣朝会时穿的礼服。

⑤旦日：明日。

⑥孰：通“熟”。孰视：注目细看。

⑦威王：齐威王婴齐（？—前 320），春秋五霸之一齐桓公之子，在位三十七年，知人善任，改革政治，是个较有作为的国君。

⑧市朝：指人众会集的地方。

⑨期（jī 基）年：一整年。

（二）口头简要复述

简要复述即是：在总体把握原始材料的基础上，经过分析、综合，概括出中心、主干、要点，略去铺陈、解释性、修饰性等次要部分，简明扼要地复述出原始材料的基本内容。

记叙性材料简述要抓主要人物、事件发展的脉络；说明性材料简述要抓事物的特征、本质、功能、方法；议论性材料简述要抓中心论点及分论点。

简要复述虽要求要言不繁，但不能因简害意。应力求用最经济的语言表达出最主要的内容，必须做到结构完整、条理清楚、语言准确。

简要复述练习的目的在于进一步提高分析、比较、选择和归纳、综合、概括的能力，进一步加强整体性、选择性和理解性，使语言表达更自然、顺畅。

练习

1. 听一组新闻广播，然后，快速加以浓缩，逐条以简明新闻的形式复述并概括出这一组新闻的内容提要。

2. 看一部电影，然后迅速说出故事梗概。要求用白描的手法，寥寥数语概括出主要人物的主要性格特征及情节发展的主要脉络。

3. 听一篇文章的录音，然后迅速概括出新闻提示和各段落的要点。

练习示例

附录（1）

新闻提示

眼下，俄罗斯和美国在导弹防御问题上的斗争愈演愈烈。针对美国的国家导弹防御体系（NMD），普京一方面表示强烈反对，另一方面则试探着和美国合建导弹防御体系，遭美国拒绝后又鼓动建立欧洲的非战略性反导弹系统。让俄罗斯如此担心、让全球如此关注的 NMD 真的那么可怕？NMD 的有效性到底有多少？

附录（2）

专家揭示 NMD 致命缺陷[①]

前不久，《纽约时报》刊登了一则引人注目的报道：美

① 吴莼思、沈丁立撰文，刊于《文汇报》2000 年 6 月 13 日第 3 版。

国著名科学家、麻省理工学院教授西奥多·波斯特尔于5月11日致信白宫办公室主任约翰·波德斯塔，警告说美国现有的反弹道导弹系统中存在重要缺陷，拦截导弹无法将真正的来袭弹头和用于迷惑识别系统的假目标区分开来，即使是最简单的气球假目标也能愚弄拦截导弹的“外大气层杀伤装置”。波斯特尔教授的这封信一经公开，立即在美国激起轩然大波。在克林顿总统即将对是否部署国家导弹防御系统作出决定的关键时刻，弹道导弹防御的有效性问题再次成为争论的焦点。

科学家们指出，许多造价低廉、技术要求不高的假目标，能够很有效地对付国家导弹防御系统

美国目前计划分三阶段部署国家导弹防御系统。在第一阶段，即到2005年，在阿拉斯加部署100枚陆基拦截器，1部大功率探测雷达和改进的早期预警雷达，主要依赖防御支援项目的红外线卫星进行发射探测。一段时间以后，防御支援项目将为高轨道天基红外线系统所代替。根据五角大楼用4枚拦截器对付1枚来袭弹头的算法，美国计划到2005年可以用国家导弹防御系统击毁25枚来袭弹头，或者说25枚单弹头洲际弹道导弹。

但是，事情不会都像美国军方计划得那样如意。对付导弹防御有许多办法，拦截能否成功具有不少不确定因素。在今年1月18日国家导弹防御系统第二次拦截试验中，拦截导弹就没能击中作为标靶的“侏儒改良二型”洲际弹道导弹。这一试验结果进一步引起了美国国内对1999年10月第一次拦截试验“成功”的怀疑。在那次试验中，拦截器首先跟踪的也是用作诱饵的气球假目标，在诱饵和模拟弹头间一再游移后，“外大气层杀伤装置”在最后一刻才“鬼使神差”地定位于模拟弹头。迄今，美国国防部仍不能对1999年试验中“外大气层杀伤装置”的这种瞄准结果作出解释。而许多科学家相信，那次试验的成功实属运气。

科学家们指出，许多造价低廉、技术要求不高的假目标，能够很有效地对付国家导弹防御系统，特别是国家导弹防御第一阶段部署的系统。这些反导弹防御措施包括：生物和化学武器可以采用的分弹头技术，核武器可采用的气球假目标，以及核武器可采用的冷却遮蔽法等。对于任何有能力发展洲际弹道导弹的国家来说，发展反制反导系统的措施几乎不存在任何技术障碍，而且，它们很可能抢在国家导弹防御系统第一阶段部署完毕之前完成。因此，国家导弹防御系统在实际应用中的有效性向来备受争议，而波斯特尔教授在5月11日给白宫的信中，则利用1997年美国国家导弹防御系统飞行试验中探测系统识别真假目标的试验数据，明确指出国家导弹防御系统陆基拦截器的“外大气层杀伤装置”无法对此予以分辨。

美国弹道导弹防御局与其承包商合伙，通过隐瞒试验数据来掩盖反导系统的缺陷

西奥多·波斯特尔教授是国际上有名的导弹防御问题专家，曾任美国海军作战部长顾问。1992年，正是他及其同事们通过对海湾战争录像资料的分析，揭示出美国军方宣称的“爱国者”导弹拦截成功率中的巨大水分。现在，波斯特尔教授似乎又在捅“马蜂窝”。他不仅指出“外大气层杀伤装置”在识别最简单的气球假目标时无能为力，而且指责美国弹道导弹防御局与其承包商合伙，试图通过隐瞒试验数据来掩盖以上事实。

波斯特尔教授在信中解释道：在“外大气层杀伤装置”寻找目标过程中，模拟弹头和假目标都表现为亮点。“外大气层杀伤装置”试图通过分析亮点的跳动来确定其是否为模拟弹头。

根据1997年6月飞行试验的数据，波斯特尔教授指出，在该试验中，假目标和模拟弹头在下降至近真空的外大气层时，它们不断变化的螺旋方向几乎完全相同，产生的信号都以多种形态和完全不可预测的方式跳动。因此，第一次整体飞行试验的资料表明，假目标和模拟弹头的信号中，没有跳动特征可以用来区分两者。

波斯特尔教授认为，弹道导弹防御局在评估那次试验的数据时，以上情况当时被注意到了，但是，评估小组却将用作假目标的气球有意从资料中抹去，仿佛上述情况从未出现过。然而，即使气球被忽略不计，那次试验中仍有两段非弹头目标的信号超过模拟弹头的时间，因此很可能被“外大气层杀伤装置”视为应该拦截的目标。但是，评估小姐在缺乏技术依据的情况下人为地舍弃了这两个目标比较明亮的时间段，而只是公布了模拟弹头比较明亮的时间段。波斯特尔教授指出，在此评估过程中，弹道导弹防御局为了达到宣传效果，将不愿意看到的现象一律排除在公布的数据之外。但是，止因为存在模拟弹头与假目标不可区分的现象，弹道导弹防御局在随后进行的三次飞行试验中大大减少了假目标的数量，以提高探测系统成功区分真伪目标的可能。波斯特尔教授呼吁白宫成立独立专家小组进行调查。

了解内情的施瓦茨博士实话实说，被公司解雇。波斯特

尔公布给白宫的信，终于引起很大反响

1997年6月飞行试验的真实结果，在妮拉·施瓦茨博士状告美国国家导弹防御系统承包商之一——TRW公司的诉讼中被透露出来。妮拉·施瓦茨于1995年进入TRW公司，从事用于拦截器区分真假目标的电脑程序设计。但是，由于指责TRW公司篡改试验数据和评估结果，她被公司解雇。施瓦茨已向法院提起诉讼，但该诉讼目前尚未被法院受理。今年4月，施瓦茨博士到麻省理工学院讨论反弹道导弹计划，她的资料显然说服了波斯特尔教授。

波斯特尔给白宫的信公布之后引起了很大的反响。美国国家安全委员会发言人表态谨慎，说白宫会认真研究波斯特尔教授的呼吁，但这一过程需要时间。五角大楼对这一批评反应强烈，辩称1997年6月试验采用了一套不同的“杀伤装置”来识别弹头和假目标。而弹道导弹防御局总系统设计师凯茨·恩格兰德则指称波斯特尔教授在信中泄露了机密资料，为此，波斯特尔教授于5月19日再次致信白宫，对所谓泄密予以驳斥。

由于无法区分飞行中的真假弹头目标，在一场导弹防御与进攻的斗争中，防御者注定处于被动地位

无论五角大楼怎样否认，有一点是明确的，即目前试验中的美国国家导弹防御系统存在着难以逾越的技术障碍：区分飞行中的真假弹头目标。如果这个问题不能解决，国家导弹防御系统就将被具备洲际导弹进攻能力的国家轻易挫败。任何一个具有掌握洲际导弹能力的国家，都可以发展对付反导系统的反制措施。当运载火箭释放出种种诱饵而又把真弹头伪装成诱饵时，若反导系统对此又无法有效识别，那这样的反导系统就几乎失去实用价值。当200来个拦截器消耗殆尽时，对于洲际导弹美国就将重新成为不设防的国家。

未来美国能否改进其国家导弹防御系统，提高其识别真假弹头目标的能力？不是没有可能。问题是进攻方将以低得多的代价发展更先进的突防反制手段。美国UCS（关注世界事务的科学家联盟）和麻省理工学院安全研究项目的专家们于4月发表的《对抗措施》这一研究报告，用近200页的篇幅详尽介绍了可以挫败美国国家导弹防御系统的形形色色的对抗措施，以及为什么在一场战略攻防的较量中，进攻方会占优势。这些对抗措施包括假弹头、使用金属气球、多层绝缘的外罩、箔片反射、低温冷却减少雷达痕迹、弹头机动变轨等。看来，在一场导弹防御与进攻的斗争中，防御者注定处于被动地位。

点评

新闻提示及各段落要点的概括，简明扼要地突出了文章的基本内容，使人一目了然。

（三）口头创造性复述

创造性复述即依据原来材料的内容，根据复述的目的要求，对内容或形式作某些创造性的变换和扩充的复述方式。

变换，是将原有材料的人称、结构、体裁、语体等加以变换。

变换人称——把原材料的第一人称“我”，改为第三人称“他”，或把第三人称改为第一人称。

变换结构——把原材料的叙述顺序加以改变。如为增加悬念把顺叙改为倒叙，或为使头绪清楚，把倒叙改为顺叙等。

变换体裁——如把诗歌改为散文等。

变换语体——如把文言文改为现代语体口述出来等。

变换型创造性复述相当于作文中的改写。

这一练习的目的在于培养多角度、多层次地认识和表述事物的能力，提高思维的灵活性和机动性。

练习示例

将徐志摩的诗《先生！先生!》，做适当的调整变换，然后进行复述。

附录（1）

《先生！先生！》

徐志摩[①]

钢丝的车轮，
在偏僻的小巷内飞奔——
“先生，我给先生请安您哪，先生。”

迎面一蹲身，
一个单布褂的女孩颤动着呼声——
雪白的车轮在冰冷的北风里飞奔。

紧紧的跟，紧紧的跟，

---

① 转引自任孚先、任维清编著《现代诗歌百首赏析》156 页—157 页，山东教育出版社，1998 年版。

破烂的孩子追赶着铄亮的车轮——
“先生，可怜我一大化吧，善心的先生！

可怜我的妈，
她又饿又冻又病，躺在道儿边直呻吟——
您修好，赏给我们一顿窝窝头您哪，先生！”

“没有带子儿，”
坐车的先生说，车里带大皮帽的先生——
飞奔，急转的双轮，紧跟，小孩的哭声。

一路旋风似的土尘，
土尘里飞转着银晃晃的车轮——
“先生，可是您出门不能不带钱您哪，先生。”

“先生！……先生！”
紫涨的小孩，气喘着，断续的呼声——
飞奔，飞奔，橡皮的车轮不住的飞奔。

飞奔……先生……
飞奔……先生……
先生……先生……先生……

附录（2）

学生课堂练习实录

这是北京城里一个偏僻而寒冷的小巷，行人稀少，静得使人窒息。突然，狂风中传来一个孩子凄惨的呼喊，呼喊声打破了小巷的沉寂。

“先生……先生……”和着车轮飞转的声音，孩子的呼喊显得那样稚嫩和微弱。寻声望去，一个衣衫单薄，又矮又瘦的小女孩正紧紧地跟在一辆黄包车的后面，黄包车飞快地跑，小女孩拼命地追，小女孩的喊声越来越急，车轮也转得越来越快。车上坐着一个肥胖的中年男子，穿着厚厚的大衣，裹着严严实实的大皮帽子，任凭小女孩怎样呼喊，他却一动不动地坐着，如果不是鼻孔里时不时冒出一股股热哈气，那脸上的表情真像死人一样。

小女孩终于跌跌撞撞地冲到了车子的旁边，她仰起冻得发紫的小脸说：“先生，我给你请安了！”然后，又紧跑两步绕到车子的前面，蹲下来，车子没有停，车头稍稍一偏，擦着小女孩的身边跑了过去。

“先生！先生！”小女孩急忙站起身来，一边呼喊，一边在凛冽的寒风中继续追赶。小女孩拼出全身的力气，一把抓住车帘儿的角儿，气喘吁吁地再一次仰起那张冻得发紫的小脸央求着：“先生，可怜可怜我妈妈吧！她病得快不行了，现在正又冷又饿地躺在路边，站都站不起来了。您行行好，赏给我们一顿窝窝头，救救我，救救我可怜的妈妈吧！”

“没带钱！”车里的先生冷冰冰地吐出了三个字，竟连看也没看这小女孩一眼，似乎这种事对于他来说已经是司空见惯的。

“先生，您出门不会不带钱啊！”小孩怯生生地说：“先生，您就行行好吧，我不要紧，可我妈妈再不吃一口东西就要饿死了！救救命吧，先生！”说着眼泪顺着眼角滚了下来。风更猛了，雪更大了，落下的眼泪变成冰花凝固在小女孩长长的睫毛上。可是，坐在车上的那位先生却丝毫不为所动，他把身子转了转，头一偏，从牙缝儿里又挤出了三个字：“别挡路！”

“先生…….先生……先生……”

车轮声和呼喊声在狂风中渐渐远去了，远去了……

点评

在原诗的基础上，通过适当的调整变换，复述显得更通俗上口、生动感人了。

扩充，是在理解原材料容的基础上，经过合理的想象和联想，丰富细节，扩展情节，续编结尾，增加修饰性，说明性的内容等。

扩充型创造性复述相当于作文中的扩写。训练的目的在于培养创造力、想象力和逻辑思维能力。

变换和扩充必须以原材料为依据，切不可违背原来的思想、内容、风格，切不可任意发挥、胡编乱造。

练习

通过合理的想象，补充细节，对杜甫的《石壕吏》进行扩充型创造性复述。要求：结构安排要环环相扣，紧密相接，对人物的刻画细腻、真切，令人如闻其声，如临其境，如感其情。

练习示例

附录（1）

《石壕吏》原诗

暮投石壕村，有吏夜捉人。老翁逾墙走，老妇出门看，吏呼一何怒，妇啼一何苦!

听妇前致词：三男邺城戍，一男附书至，二男新战死。存者且偷生，死者长已矣！室中更无人，唯有乳下孙。有孙母未去，出入无完裙。老妪力虽衰，请从吏夜归，急应河阳役，犹得备晨炊。

夜久语声绝，如闻泣幽咽。天明登前途，独与老翁别。

附录（2）

口头创作性复述实录

这是唐代“安史之乱”年间的事了。

有一天，诗人杜甫在匆匆忙忙地赶路。天黑的时候，他走到石壕村，就在一个老百姓的家里住了下来。他刚上床睡觉，忽然听到一阵急促的打门声，砰砰砰，使人心惊肉跳。屋主人知道，这是官吏又趁黑来捉人了。那白发苍苍的男主人，使尽全身气力，好不容易翻过围墙逃走了。女主人也是上了年纪的啦。她打开门，颤悠悠地走出门去应付一切。

差役大声喊："男的呢?"

"老爷，我家三个男孩全都到邺城打仗去了。有一个男孩托人带信回来说，他的两个兄弟最近都战死了。唉，活着的人也是今日不知明日啊，死去的人就那样永远地完了!"

女主人边哭边诉，那情状十分可怜。

可是，差役哪有心听这些呢？仍然大声喊道：

"屋里还有谁?"

"屋里再没有人啦!"女主人赶紧回答。为了让差役相信，她擦了一下眼泪，又补充道："有个孙子，可他还在吃奶呢！正因为这个孙子要吃奶，所以他母亲还没有去改嫁。她也是苦命人呀！进进出出，连件完整的衣服都没有……"

女主人的话还未说完，差役把鞭子在空中狠狠地甩了一下，喊道："我要人!"

女主人知道再苦苦哀求和诉说也没用了，就说："好！老爷，就让我跟你们一道去顶差吧！我虽然年纪大了，气力差些，可是连夜赶到河阳去服役，还可以赶得及为官军烧水做早饭呢!"

深夜了，再也听不到说话的声音了，杜甫躺在床上，再也睡不着。他听到田野里仿佛有一种极其低微的抽泣声。

第二天清晨，杜甫又要继续赶路，只有昨晚侥幸逃脱的男主人送杜甫出来。男主人孤零零的一个人真够凄惨的啊!

这件事给杜甫的感触太大了。后来，他把这件事写成一首诗。

点评

依据原来材料的内容，通过变换体裁，丰富细节，把杜甫“暮投石壕村”的所遇、所闻、所感，用较为生动形象、具有鲜明、活灵活现的口语，有声有色、有情地复述了出来。

二、口头描述

描述，是通过观察，将人、事、物、景等表达对象的特征及形态，用形象的语言描绘给人听的一种口语表达方式。它具有直观性、具体性、形象性等特征。

口头描述是一个快速“看“—“想“—“说“的过程。

(一) 观察能力的培养

“看”，即观察，观察是口头描述的基础和起点。契诃夫说：“作家务必要把自己锻炼成一个目光敏锐、永不罢休的观察家!”“要把自己锻炼到让观察简直成为习惯。”观察能力对于播音员、主持人同样是非常重要的，它不仅可以帮助我们积累生活、发现生活，还可以帮助我们深刻认识生活和及时反映生活。播音员、主持人要做一个热心人、有心人，要养成观察的习惯，学会观察的方法，以强烈的社会责任感、以一双充满激情的目光观察社会、观察周围的人和事。

描述的目的和要求不同，观察的方法可以十分灵活。观察，无论是由上到下或是由下到上，由远及近或是由近及远，由人到物或是由物到人，由整体到局部或是由局部到整体，都需要注意以下要求：

1. 观察要具体。它体现在两个方面，一是全面，要多方位、多角度地了解全貌；二是细腻，只有对事物的声、色、形进行细致入微的观察，才能用形象、生动的语言作逼真的描绘。

柳永的《望海潮》，将钱江的壮观、杭州的繁华、西湖的俏丽如泼墨写意般尽收笔底，如果没有对全貌多层次、多层面的观察，是无法描绘出这样的巨幅画卷的。而他的《雨霖铃》，又将一幅“恩爱千般，歧路相别”的“工笔画”展现在了人们眼前。无论是“烟柳画桥，风帘翠幕，参差十万人家。云树绕堤沙，怒涛卷霜雪，天堑无涯”这样的大视角，还是“执手相看泪眼，竟无语凝噎”这样的细腻笔法，都离不开作者全面而细致入微的观察。

2. 观察要深入。要善于透过人物的服饰、表情、动作等细节，发现人物的内心世界；要善于透过事件的个别现象，发现内在的联系；要善于透过实物的表象，发现本质的特征；要善于透过画面的背景、色调，捕捉其深邃寓意等等。

中国古典画论讲究“废物象而取其真”，能取其真者，需有一双孙悟空的火眼金睛，即：要能够透过现象看本质。

(二) 感受能力的培养

面对人、事、物、景诸观察对象，如果不能感之于外，受之于心，就不能深入地理解观察对象，也就更谈不上迅速、有条理地组织好内部语言和词语序列。

感受，包括形象感受和逻辑感受。在描述练习过程中，重点要加强形象感受的能力。形象感受，就是要在接受观察对象刺激作用时，使视觉、听觉、味觉、嗅觉、触觉、空间知觉、时间知觉、运动知觉都进入一种积极的综合感知状态，并通过“各感知觉的互相联系、互相渗透、互相促进、互相作用”，激起内心的反应，引发感情的运动，继而寓情于景将观察对象绘声绘色地描述出来。

蓝蓝的天上白云飘，白云下面马儿跑。

挥动鞭儿响四方，百鸟齐飞翔。

如果要描绘出这样一幅画面，我们就必须调动起全部的感知觉。要具体感受画面的色彩，如蓝天和镶嵌在上面的白云，一望无边的青青绿草以及黑骏马，红鞭儿，色彩斑斓的飞鸟；要通过想象和联想具体感受画面提供给我们的声音，如嗒嗒的马蹄声，脆亮的挥鞭声，交响乐般的百鸟鸣叫声；要有运动着的镜头感，有远景、中景、近景、特写，让画面在人们的眼前活起来；还要体验主人公——骑马者自豪的心情。

总之，描述，不仅要能够设身处地，还要能够触景生情。不仅要用眼睛看，用耳朵听，用嘴说，更重要的是用心，用自己的心灵去真切地感受。要充满热情地对待人、对待社会、对待大自然。

据《资治通鉴》卷二百一十六载：“天宝十载四月，剑南节度使鲜于仲通讨南诏蛮，大败于泸南。时仲通将兵八万，……军大败，士卒死者六万人，仲通仅以身免。杨国忠掩其败状，仍叙其战功。……制大募两京及河南北兵以击南诏。人闻云南多瘴疠，未战，士卒死者什八九，莫肯应募。杨国忠遣御使分道捕人，连枷送诣军所。……于是行者愁怨，父母妻子送之，所在哭声振野。”

诗人杜甫采用通俗的口语，将亲眼所见、亲耳所闻的这一历史事实撼人心弦地描绘了出来：

车辚辚，马萧萧，行人弓箭各在腰。
耶娘妻子走相送，尘埃不见咸阳桥。
牵衣顿足拦道哭，哭声直上干云霄。
道旁过者问行人，行人但云点行频。
或从十五北防河，便至四十西营田；
去时里正与裹头，归来头白还戍边。
边庭流血成海河，武皇开边意未已。
君不闻汉家山东二百州，千村万落生荆杞。
纵有健妇把锄犁，禾生陇亩无东西。
况复秦兵耐苦战，被驱不异犬与鸡。
长者虽有问，役夫敢申恨？
且如今年冬，未休关西卒。
县官急索租，租税从何出？
信知生男恶，反是生女好；
生女犹得嫁比邻，生男埋没随百草！
君不见青海头，古来白骨无人收。
新鬼烦冤旧鬼哭，天阴雨湿声啾啾。

《兵车行》之所以为历代推崇，不仅在于它真实地描述了一幅触目惊心的凄惨画卷，更在于描述过程中，诗人内心所迸发出的强烈的心灵感受所给予人们的震撼。有人这样评价《兵车行》：“寓情于叙事之中。无论是前一段的描写叙述，还是后一段的代人叙言，诗人激切奔越、浓郁深刻的思想感情，都自然地融汇在全诗的始终，诗人那种焦虑不安、忧心如焚的形象也仿佛展现在读者面前。没有如此强烈的感情投入，就不可能将观察到的一切如此动人地描述出来。

（三）转换编码的练习

“语言作为交际的工具，是以作为思维手段或载体为前提的。不过，作为思维载体的是语言的内部形态，作为语言交际工具的是语言的外部形态。”① 要将观察和感受到的东西“说”出来，必须经过由语言的内部形态转换为外部形态的过程，即经过由内部语言向外部语言的过渡——一个较为复杂的转换编码过程。内部语言，是在观察和感受的过程中，受生理、心理、语言等多方面因素的影响而产生的。它可能是一种“浮动的意念”，一种“具体的表象”，一些感觉或色彩的“碎片”，一些简单的“语点”。

“内部语言是外部语言产生的基础，而外部语言则是对内部语言加工处理的结果和外在表现。”② “加工处理”的过程即转换编码的过程，即调动语言积极地参与思维活动、用确切的词语与思维内容相契合、使思维逐渐清晰化和具体化并最终穿上“合体”的“外衣”的过程。这一过程的任务是：按照事物的内在联系，将所要描述的事物进行梳理排列，将散乱的“碎片”穿成一条明晰的“线索”，调动知识储备用以丰富、扩展信息点并将形象性的东西词语化，序列化，程序化。

转换编码——要靠思维与语言的紧密结合才能完成，思维品质的高低，会直接影响转换编码的速度与质量，而转换编码的速度与质量，又会直接影响即兴口语表达的最后一个环节——“说”能否顺利完成。因此我们认为，转换编码不

① 于根元等：《语言哲学对话》184 页，语文出版社，1999 年 5 月。

② 李晓华：《普通话口语教程》239 页，河南大学出版社，1996 年 5 月。

仅是口头描述实践的重点，也是即兴口语表达基础实践中的重点之一，通过实践，要使思维品质得到综合改善，使思维向语言过渡的途径更加畅通。

练习

练习示例

对“难忘的历史场面”进行描述。

附录

学生课堂练习实录

难忘的历史场面
——中葡澳门政权交接仪式

对于世界近现代历史来说，澳门政权的移交，标志着欧洲国家在亚洲近五个世纪殖民统治的终结；对于12亿人口的中国人民来说，恢复对澳门行使主权是中华人民共和国实现完全统一的重要一步。所以，1999年12月20日在澳门举行的政权交接典礼备受世人关注。

政权交接仪式的地点设在澳门文化中心的花园馆。这是一座使用面积达6000平方米通体透明的大型玻璃建筑。馆内装饰以绿色为主色调。据介绍，这是一种代表澳门特色的与众不同的绿。人们已将其命名为澳门绿。绿色地毯铺就的交接仪式现场，使弧形排列的座席与主席台对应，构成一朵盛开的莲花图案。

23 点 45 分，馆内座无虚席，来自 100 多个国家，30 多个国际组织的代表静静地期待着这一重大历史时刻的到来。中葡两国的军乐队交替演奏着带有本国特色的乐曲，当振奋人心的《歌唱祖国》的旋律回荡在会馆的时候，江泽民主席、朱镕基总理带领着中国代表团走上主席台，他们步履沉稳，神情庄重，会场上响起热烈的掌声。双方代表落坐之后，主持人宣布澳门政权移交仪式开始。

葡萄牙总理桑帕约以略带伤感而又真诚的语调表达了对澳门美好前程的祝愿和对澳门未来繁荣稳定的信心。这与两年前在香港政权交接仪式上英国王储查尔斯的无奈与留恋形成鲜明的对照。伴着葡萄牙国歌，红绿相间，象征着大航海时代的葡萄牙国旗与带有浓厚殖民色彩的澳门旗缓缓降下。

十秒短暂的停顿之后，20 日零时零分零秒，当表针重合的一刹那，庄严的中华人民共和国国歌准时奏响，在激昂高亢的旋律中，五星红旗与澳门特别行政区区旗徐徐上升。这足足等了 400 年的历史瞬间令全场激动不已。江泽民主席和朱镕基总理等人神情庄重，凝望着国旗，卓林女士眼中噙着泪水，她见证了邓小平先生为之奋斗一生的理想的实现。

零点 4 分，江泽民主席稳步走到讲台前，郑重宣布，澳门回归后中央政府将坚定不移地执行一国两制，澳人治澳，高度自治的方针。他表示坚信，在中央政府和澳门人民的支持下，澳门特别行政区政府一定能将澳门管理好，建设好。同时他又强调了中国政府对完成祖国统一的坚定信心。此时的澳门月明风清，波平如镜，暗夜已尽，曙光将现，走过漫漫长夜的澳门，在新的千年来临之际，洗尽历史风尘，迈进新的纪元。

点评

在大量掌握有关背景材料的基础上，经过认真观察与感受，该同学较为清晰流畅地描述了中葡澳门政权交接仪式的主要进程，既有宏观的概述，又有对细节的描绘，语言简洁。

三、即兴评述

评述，既有评论又有叙述。与复述和描述的不同点在于，它不仅要述所见所闻，更重要的还要谈出所感。夹叙夹议，评述结合，使这一表达方式具有综合性特征。从复述到描述，从描述到对事实的叙述，从对事实的叙述到思考、立论、即兴谈出自己的观点，思维活动越来越复杂，表达的难度也越来越大了。

明确评述的基本要求，具备评述的基本能力，为今后能够胜任广播电视新闻评论工作打好基础，做好准备，是评述练习的主要任务。

（一）叙述的要求

1. 事实必须准确无误

述是评的基础，如果所述的内容失去真实性，评就会脱离实际。因此，评述的首要任务是掌握真实的材料，确保事实的准确无误。走马观花、道听途说，是新闻工作者的大忌。要舍得花工夫、下力气踏踏实实地搞调查研究，才能扎扎实实地掌握到第一手真实的材料。

在 1997 年 11 月江泽民主席访美期间，美国有线电视网

CNN在其新闻中为指责中国政府虐待囚犯，竟采用了美国演员理查德·基尔在反华电影《红色角落》中的一个镜头：中国的监狱警察一个耳光将基尔扮演的囚犯打倒在地……[①] 用电影片断冒充新闻素材，是一种公然亵渎新闻真实性的行为，因此，无论其指责多么激烈，也是没有任何说服力的。

1999年3月5日上午，朱镕基总理底气十足、表情从容、话语铿锵有力地在人民大会堂作了1.5万字的《政府工作报告》，据统计，其间，全场共响起了18次掌声。尤其是当讲到“年初确定的改革和发展的各项目标基本实现”时，全场掌声最为热烈。[②] 国民生产总值比上年增长7.8%，虽然略低于8%的预定目标，但这是在抵御亚洲金融危机的冲击和战胜国内特大洪涝灾害的情况下取得的，来之不易。

7.8%与8%，仅0.2%之差，但老百姓却从这简单的数字中了解了一位敢于说实话的总理，了解了一届求真务实值得信赖的政府班子。人们说，这18次热烈的掌声不仅是为来之不易的成就而鼓，更是为我们党和政府的实事求是的作风而鼓。经历过“大跃进”“文化大革命”的中国老百姓，从一个简单的数字中，掂量出的是历史的分量，是来之不易的“真实”的分量。

以上两个事例是否可以清楚地说明，真实、准确是叙述的第一要求。真实、准确，来源于扎扎实实的调查采访，因此说，培养认真负责的工作作风，培养善于发现有新闻价值

---

① 王纬：《镜头里的“第四种势力”——美国电视新闻节目》181页，北京广播学院出版社，1999年6月。

② 《北京晚报》1999年3月8日第4版。

的事实、善于全面而准确地把握事实并能够将其转化为报道或评论的能力，是叙述练习的重要内容。

2. 条理分明，重点突出

写文章讲究层次结构，话要说得清楚明白，也要讲究条理性。在对所要叙述的人、事、物、景进行深入、细致的观察之后，接下来，不是想到哪儿、看到哪儿、听到哪儿就说到哪儿，而是要快速地理清叙述的线索，确定叙述的顺序，抓住叙述的中心，明了先说什么，后说什么；哪儿轻，哪儿重；哪儿开，哪儿合；哪儿详，哪儿略；怎样开头，怎样结尾；怎样衔接、过渡、呼应等等，清清楚楚地交待出人物和事件发生、发展的时间、地点及原委过程。

3. 鲜活生动

鲜活生动，即：不是陈芝麻烂谷子，不是假话、空话、套话。要思想新、立意新、角度新、构思新，语言还要富有意趣、情趣，充满灵性，具体形象。

林语堂先生在散文《说北平》的开头这样写道："北平好像是一个魁梧的老人，具有一种老成的品格。一个城市与人相似，各有不同的品格，有的卑污狭隘，好奇多疑；有的宽怀大量，豪爽达观。北平是豪爽的，北平是宽大的。他包容着新旧两派，但他本身并不稍为之动摇。"

有人这样点评："（林语堂先生）意欲理性地说明北平，却还回归到感性地述说北平，你当能体会到作家主体的审美眼光、审美趣味，是多么重要。"在林语堂的笔下，北平是形象可感的，因为他用的是鲜活的语言，通过恰当的比喻，使深奥的变得浅显易懂，概括得既生动又比较准确。

广播电视即兴口语不同于书面语，它既不可能给说者提供反复修改的机会，也不可能给听者提供反复琢磨的时间，因此，叙述要力求具体、鲜活，少用抽象的概念，多用新鲜、生动的事实来说明问题，使人闻过则明，听过则通，扣人心弦，引人入胜。

为很好地完成这一阶段的练习任务，我们还可以根据以上三点要求，进行大量即兴命题讲述的练习，目的是为了顺利完成从组织语词—语句—语段—语篇的跨越，使叙述更具有完整性，条理性。

（二）立论的要求

1. 实事求是

实践是检验真理的唯一标准，而经得住实践检验的理论，必须以客观事实为依据。即兴评述只有严格遵循实事求是的原则，才能提炼出科学的、经得住检验的论点。

实事求是，即：论点应该建立在事实的基础上，即：结论应该产生在调查研究之后。

2. 由表及里，由浅入深

鲁迅先生曾经指出过这样一种现象：“（从《红楼梦》中）经学家看见了《易》，道学家看见淫，才子看见缠绵，革命家看见排满，流言家看见宫闱秘事……”这说明主体对客体的认识是有差异的，因此，立论，既要以客观事实为依据，又不能忽视主观能动性的重要作用。

人们对于真理的认识，有一个由表及里，由浅入深，由现象到本质的过程，对于客观事物内在本质规律性的分析、理解、认识越深入，论点建立的基础越坚实，对论点的开掘也会越有深度。《庖丁解牛》给我们的启示就在于，对客观事物认识的不断深化，是在实践基础上的对于事物内在本质和规律的准确把握。

3. 见解独到

明代文学家冯梦龙的好友在为他的小品文集《古今谭概》所作的序中说："然则谈何容易？不有学也，不足谈；不有识也，不能谈；不有胆也，不敢谈；不有牢骚而积于中而无路发摅，亦不欲谈。"有人用"知识爆炸"来形容我们所处的这个时代知识更新的范围和速度，有学、有识，就要不断学习，接受新事物，了解新生活，既了解党和政府的大政方针，也了解老百姓的愿望和要求；除此之外，还要有胆，有情，敢于爱憎分明地坚持真理，敢于说真话。只有这几者全部具备，才有可能获得真知灼见，确立的论点才可能有新意，有独到之处。

(三) 几种常见的论证方法的练习

论证，"就是用论据来证明论点的过程和方法"，是由论据到论点的联系方式，即从论据的真实性推出论点的真实性的推理形式的总和。

熟悉和掌握论证的方法并能够恰当地运用这些方法将论点和论据有机地联系在一起，是即兴评述实践必须完成的任务。

1. 演绎论证

演绎论证即"引用众所周知的普遍原理或者用公认的科学原理与道理推断出一个论点的论证方法，它是从一般到个别的论证方法。"①

---

① 仲富兰：《广播评论——功能、选题与语言艺术》192页，复旦大学出版社，1997年11月。

在《触龙说赵太后》的第四段中，触龙从诸侯之子孙没有三世而侯的说起，分析其原因在于："位尊而无功，奉厚而无劳，而挟重器多也。"接着，自然而然地从这里将话题一转，推导出：

今媪尊长安君之位，而封之以膏腴之地，多予之重器，而不及今令有功于国，一旦山陵崩，长安君何以自托于赵？老臣以媪为长安君计短也，故以为其爱不若燕后。

触龙在这里运用的就是演绎论证的方法，由一般（诸侯之子孙没有三世而侯的原因）到个别（推导出"为长安君计短"的过失），循序渐进、循循善诱，具有说服力。

附录（1）

触龙说赵太后　　（《战国策》）

赵太后新用事[(1)]，秦急攻之。赵氏求救于齐[(2)]。齐曰："必以长安君为质[(3)]，兵乃出。"太后不肯，大臣强谏[(4)]。太后明谓左右[(5)]："有复言令长安君为质者[(6)]，老妇必唾其面[(7)]！"

左师触龙言愿见太后[(8)]。太后盛气而揖之[(9)]。入而徐趋[(10)]，至而自谢曰[(11)]："老臣病足，曾不能疾走[(12)]，不得见久矣。窃自恕[(13)]。而恐太后玉体之有所郄也[(14)]，故愿望见太后。"太后曰："老妇恃辇而行[(15)]。"曰："日食饮得无衰乎[(16)]，乃自强步[(19)]，日三四里，少益耆食[(20)]，和于身也[(21)]。"太后曰："老妇不能。"太后之色少解[(22)]。

左师公曰："老臣贱息舒祺[(23)]，最少[(24)]，不肖[(25)]；而臣衰，窃爱怜之。愿令得补黑衣之数[(26)]，以卫王宫。没死以闻[27]！”太后曰：“敬诺[28]。年几何矣[29]？”对曰：“十五岁矣。虽少，愿及未填沟壑而托之[30]。”太后曰：“丈夫亦爱怜其少子乎[31]？”对曰：“甚至于妇人[32]。”太后笑曰：“妇人异甚[33]。”对曰：“老臣窃以为媪之爱燕后[34]，贤于长安君[35]。”对曰：“君过矣[36]，不若长安君之甚。”左师公曰：“父母之爱子，则为之计深远[37]。媪之送燕后也，持其踵，为之泣[38]，念悲其远也[39]。亦哀之矣[40]。已行，非弗思也。祭祀必祝之，祝曰：‘必勿使反[41]！’岂非计久长、有子孙相继为王也哉？”太后曰：“然。”

左师公曰：“今三世以前，至于赵之为赵[42]，赵主之子孙侯者，其继有在者乎[43]？”曰：“无有。”曰：“微独赵[44]，诸侯有在者乎[45]？”曰：“老妇不闻也。”“此其近者祸及身，远者及其子孙[46]。岂人主之子孙则必不善哉[47]？位尊而无功，奉厚而无劳[48]，而挟重器多也[49]。今媪尊长安君之位[50]，而封之以膏腴之地[51]，多予之重器，而不及今令有功于国[52]，一旦山陵崩[53]，长安君何以自托于赵[54]？老臣以媪为长安君计短也，故以为其爱不若燕后。”太后曰：“诺[55]，恣君之所使之[56]！”于是，为长安君约车百乘[57]，质于齐，齐兵乃出。

子义闻之[58]曰：“人主之子也，骨肉之亲也，犹不能恃无功之尊[59]，无劳之奉，而守金玉之重也[60]，而况人臣乎？”

注释：

(1) 赵太后：赵惠文王后，赵孝成王母。新用事：刚刚执政。赵惠文王死，孝成王年幼，由赵太后执政。(2) 赵氏：这里指赵国。

(3) 长安君：赵太后小儿子的封号。质（zhì）：这里指人质。(4) 强（qiǎng）谏：竭力劝告。(5) 明谓左右：明确地告诉身边的人。(6) 复：再。(7) 老妇：赵太后自称。唾其面：吐他一脸唾沫。(8) 左师：官名。战国时赵国左师，是位高的闲职，常用来优待老臣。(9) 盛气：怒气冲冲。揖：据王念孙《读书杂志》考证，是“胥”字的传写之误。胥：同“须”，等待。(10) 徐：缓慢。趋：小跑，当时臣见君的一种礼节。徐趋：慢跑。(11) 自谢：自己告罪。(12) 曾：乃，竟。走：跑。(13) 窃：私下，表示谦虚的词。窃自恕：私下自我原谅。(14) 玉体：犹贵体。郄：同“隙”，不舒适。(15) 恃：凭借。辇（niǎn）：国君乘的车。(16) 衰：减少。得无：该不会。(17) 耳：罢了。(18) 今者：近来。殊：很。(19) 乃：却。强（qiǎng）步：勉强步行。(20) 益：增加。耆：通“嗜”，喜好。少益耆食：稍稍的增进了食欲。(21) 和：舒适的意思。和于身：使身体舒适。(22) 色：气色。这里指怒色。解：通“懈”，消退，松弛。(23) 息：子。贱息：对自己儿子的谦称。(24) 少：年轻。(25) 不肖：不贤，不成材。(26) 黑衣：卫士的代称。当时赵国宫廷卫士穿黑衣。愿令得补黑之数：希望让他在宫廷卫士中补进一个名额。(27) 没（mò）死：冒死。闻：使闻，禀告。(28) 敬。表示客气的词。诺：允许。(29) 年：年龄。(30) 填沟壑：是死的谦卑说法。(31) 丈夫：男子的通称。(32) 甚：厉害，胜过。(33) 异：特别。(34) 媪（ǎo）：对年老妇女的尊称。(36) 过矣：错了。(37) 计：考虑，谋划。(38) 持：握，这里作“跟”解。踵：脚后跟。为：对。(39) 念悲其远也：惦记、悲伤她的远嫁。(40) 亦哀之矣：也算很悲痛了。(41) 必勿使反：古代诸侯的女儿远嫁别国，只有被废或者亡国，才能回到父母身边。反：同“返”。(42) 三世：三代。赵之为赵：前一“赵”字指赵氏，后一“赵”字指赵国。(43) 继：指继承人。(44) 微：非，不。(45) 诸侯有在者乎：“诸侯”下，承上文省去“之子孙侯者，其继”这几个字。(46) 远者：远者下承前文省“祸”字。(47) 必不善哉：

一定不好吗？（48）奉：通“俸”，指俸禄。劳：功劳。（49）挟：持有。重器：这里指金玉鼎彝之类，象征国家的权力。（50）尊长安君之位：使长安君处在高贵的地位。（51）膏腴（yú）：肥沃。（52）及今令有功于国：趁现在叫他为国立功。（53）山陵崩：古代喻君主死的一种尊敬而避忌的说法。（54）何以自托于赵：凭什么使自己在赵国立足。（55）诺：表示答应的叹词。（56）恣君之所使之：任凭你派遣他到什么地方去。（57）约车：给车套上马。乘（shèng）：量词，古代车辆单位，一车四马叫一乘。（58）子义：赵国人。（59）犹：还。尊：指高位。（60）守金玉之重：保持贵重的金玉。

2. 归纳论证

归纳论证就是：“通过一些个别的事例（论据），归纳其共同的属性，综合它们的共同本质，得出一个带有普遍性的结论（论点）。”①

李斯的《谏逐客书》为说明逐客到底错在哪里，李斯按时间的先后，历数了秦穆公、秦孝公、秦惠文王、秦昭襄王四位秦国君主任用客卿的事例，摆事实，无非是为了讲道理，目的是要一步步归纳出如下结论：

此四君者，皆以客之功。

由此观之，客何负于秦哉？

向使四君却客而不内，疏士而不用，

是使国无富利之实，而秦无疆大之名也。

在这里李斯运用的就是归纳论证的方法。归纳论证以事实为论证的基础，因此事实要真实，具有典型性；归纳要求准确，具有概括性。

---

① 仲富兰：《广播评论——功能、选题与语言艺术》192页，复旦大学出版社，1997年11月。

附录（2）

谏逐客书 李 斯

臣闻吏议逐客，窃以为过矣[1]！昔缪公求士[2]，西取由余于戎[3]，东得百里奚于宛[4]，迎蹇叔于宋[5]，求丕豹、公孙支于晋[6]。此五子者，不产于秦，而缪公用之，并国二十，遂霸西戎。孝公用商鞅之法[7]，移风易俗，民以殷盛，国以富彊，百姓乐用，诸侯亲服，获楚、魏之师，举地千里，至今治彊[8]。惠王用张仪之计[9]，拔三川之地[10]，西并巴、蜀，北收上郡，南取汉中[11]，包九夷，制鄢、郢[12]，东据成皋之险，割膏腴之壤[13]，遂散六国之从，使之西面事秦，功施到今[14]。昭王得范睢[15]，废穰侯，逐华阳，彊公室，杜私门[16]，蚕食诸侯，使秦成帝业。此四君者，皆以客之功。由此观之，客何负于秦哉[17]！向使四君却客而不内，疏士而不用，是使国无富利之实，而秦无彊大之名也[18]。

今陛下致昆山之玉[19]，有随、和之宝[20]，垂明月之珠[21]，服太阿之剑[22]，乘纤离之马[23]，建翠凤之旗[24]，树灵鼍之鼓[25]：此数宝者，秦不生一焉，而陛下说之，何也？必秦国之所生然后可，则是夜光之璧，不饰朝廷；犀、象之器，不为玩好[26]；郑、卫之女，不充后宫[27]；而骏良駃騠，不实外厩[28]；江南金锡不为用，西蜀丹青不为采[29]。所以饰后宫、充下陈、娱心意、说耳目者[30]，必出于秦然后可，则是宛珠之簪、傅玑之珥、阿缟之衣、锦绣之饰，不进于前[31]；而随俗雅化，佳冶窈窕，赵女不立于侧也(32)。夫击瓮叩缶，弹筝搏髀(33)，而歌呼呜呜快耳目者，真秦之声也。郑、卫、桑间，韶、虞、武、象者，异国之乐也(34)。今弃击瓮缶而就郑、卫，退弹筝而取韶、虞，若是者何也？快意当前，适观而已矣(35)。今取人则不然。不问可否，不论曲直，非秦者去，为客者逐。然则是所重者，在乎色、乐、珠、玉；而所轻者，在乎人民也。此非所以跨海内、制诸侯之术也(36)。

臣闻地广者粟多，国大者人众，兵彊则士勇(37)。是以太山不让土壤(38)，故能成其大；河海不择细流，故能就其深；王者不却众庶，故能明其德(39)。是以地无四方，民无异国，四时充美，鬼神降福，此五帝三王之所以无敌也。今乃弃黔首以资敌国，却宾客以业诸侯(40)，使天下之士，退而不敢西向，裹足不入秦，此所谓藉寇兵而赍盗粮者也(41)。夫物不产于秦，可宝者多；士不产于秦，而愿忠者众。今逐客以资敌国，损民以益仇，内自虚而外树怨于诸侯，求国无危，不可得也。

注释：

(1) 吏：指秦的宗室大臣。议：商议决定。客：客卿，诸侯国授给外来人士的官职。过：错。(2) 缪（mù）公：即秦穆公，名任好(前659－前621在位)，春秋时五霸之一。缪：一作穆。士：泛指有才能的人。(3) 由余：晋国人。先在西戎供职。后秦穆公延揽至秦国，采其策略，灭十二个戎国。戎：春秋时我国西部少数民族的统称。(4) 百里奚：楚国宛人，任虞大夫，晋灭虞后，把他作为陪嫁的奴隶送给秦国。他逃回家乡，被楚国边兵俘获，穆公听说他有才能，将他赎回，重用他为大夫。(5) 蹇叔：本是岐（今陕西岐山县东北）人，住在宋国，由于百里奚的推荐，秦穆公用厚礼聘请他为上大夫。

(6) 丕豹：晋国人，丕郑之子，逃到秦国，秦穆公用他为大将。公孙支：字子桑，原为晋国人，为秦穆公谋臣，官任大夫。(7) 孝公：即秦孝公，名渠梁（前为国家效力。363－前 338 在位），任用商鞅变法，使秦国由弱变强。⑧乐用：乐为国家效力。亲服：听命。获：俘获，战胜。师：军队。获楚、魏之师：秦孝公二十二年（前 340），商鞅率秦军打败魏军，魏国割河西大片土地求和，同年，又打败楚国的军队。举地：攻取土地。彊：同“强”，安定强大。(9) 惠王：即秦惠文王，名驷（前 337－前 311 在位）。张仪：魏国人，曾为秦国宰相，施展连横策略。 (10) 拔：攻取。三川：黄河、洛水、伊水。(11) 巴、蜀：当时的两个小国，在今四川省东北部和西部。上郡：君名，今卫陕西西北部。汉中：今陕西西南和湖北西北部。(12) 包：兼并。九夷：指当时楚国境内的少数民族。制：控制。鄢：今湖北宜城县。郢：楚都。(13) 成皋：又名虎牢，今河南荥阳县西北部。膏腴之壤：肥沃的土地。(14) 散：拆散，瓦解。从：同“纵”。六国之从：指赵、韩、魏、齐、楚、燕六国联合抗秦的合纵策略。施（yì）：延续。(15) 昭王：即秦昭襄王，名则（前 306－前 251 在位）。范雎：魏国人，公元前 270 年为秦客卿，公元前 266 至前 255 年，为秦昭襄王相。他提出远交近攻的策略。(16) 穰（ráng）侯：姓魏名冉，封于穰，故称穰侯。公室：指当时的中央集权机构。杜：杜塞。私门：指贵族豪门。(17) 负：对不起。(18) 向使：假使。却：拒绝。内：通“纳”，接纳。(19) 致：得到。昆山之玉：昆仑山北麓的和田县产美玉，也称和田玉，即昆山之玉。(20) 随、和之宝：指随侯珠与和氏璧，都是稀世的珍宝。(21) 明月之珠：夜光珠。(22) 太阿（ē）之剑：相传是吴国著名的冶匠干将与欧冶子所铸造的名剑。(23) 纤离：骏马名。 (24) 翠凤之旗：用翠凤的羽毛装饰的旗子。 (25) 灵鼍（tuó）：又名猪婆龙。(26) 说：悦。犀、象之器：犀牛角、象牙制品。玩好：珍贵的玩赏之物。 (27) 后宫：古代帝王后妃居住的宫室。充后宫：充当嫔妃。(28) 駃騠（juéti）：骏马名。厩（jiù）：马棚。(29)

丹青：即丹砂、靛青之类。采：指彩色，颜料。（30）下陈（zhèn）：指阶下歌舞的美女。陈：堂下之途。说：悦。（31）宛珠：宛地出产的珠子。傅同“附”。玑：“是珠的一种。珥：耳环。阿：齐国东阿(今山东东阿)。缟：白色生绢。（32）随俗雅化：随着时代风尚的变化打扮得非常标致时髦。佳冶窈窕：装饰漂亮，体态优美好看。赵女：古代赵国以出美女著名。(33) 瓮（wèng)、缶（fǒu)：日用陶器。秦用作打击乐器。叩：叩打。搏髀（bí)：拍大腿，打拍子。(34）郑、卫：指郑、卫两国的乐曲。桑间：原为地名，在卫国濮水之滨，今河南濮阳地区，相传为卫国青年男女聚会欢唱的地方。韶、虞：相传是舜时的乐曲。武、象：周武王的乐曲称武，乐舞称象。武象是表演作战的乐舞曲。（35）适观：欣赏起来感觉舒适。（36）跨：据有。海内：全中国。（37）兵：兵器。（38）太山：泰山。让：舍弃。（39）明：显示。德：德行。（40）黔首：秦称百姓为黔首。业：在这里作动词用。业诸侯：使诸侯成就功业。（41）藉：借。赍（jī)：给与，赠送。

3．比喻论证

两事物只需要有一类似之点，即可用一事物比喻另一事物，从而论证一个比较抽象的事理。①

孟子的《鱼，我所欲也》其论题在于“舍生取义”。孟子主张“性善说”，“义”是“性善说”的主要内容之一，所以孟子把“义”看得比“生”还重要。而“生”与“义”是抽象的概念，为了便于理解，孟子用“鱼”喻“生”(因为，鱼是美味，但人人得而食之)；用“熊掌”喻“义”（因为，熊掌也是美味，但其美远甚于鱼，且不易得)。孟子用比喻论证的方法，形象地说明了“生”与“义”的价值的高下，

① 陈宗明：《逻辑与语言表达》326页，上海人民出版社，1984年3月。

使人对他所提出的“舍生取义”的主张有了更深的理解。

1995年5月，中央电视台播出了题为《医生们的困惑》的报道。主持人水均益就是运用这种方式，将极其复杂的波黑局势，概括论述得既准确透彻，又形象可感。他说：

> 波黑冲突像一个久治不愈的病人，后来来了好多医生给病人会诊。但是，病未见好转，人们却对医生们的处方和动机产生了怀疑，医生之间也产生了分歧和争论。

用“医生和病人”的比喻作基础展开论证，简洁明了，通俗易懂。这种论证方式将逻辑思维与形象思维融贯一体，充满机趣，寓理于具体、可感的形象之中，便于人们理解、接受。

附录（3）

鱼，我所欲也

孟子

孟子曰：鱼，我所欲也；熊掌(1)，亦我所欲也。二者不可得兼，舍鱼而取熊掌者也。生，亦我所欲也；义，亦我所欲也。二者不可得兼，舍生而取义者也。

生亦我所欲，所欲有甚于生者，故不为苟得也(2)。死亦我所恶，所恶有甚于死者，故患有所不辟也(3)。

如使人之所欲莫于生(4)，则凡可以得生者，何不用也(5)？使人之所恶莫甚于死者，则凡可以辟患者，何有不为也？由是则生，而有不用也。由是则可以辟患者，而有不为也。是故所欲有甚于生者，所恶有甚于死者；非独贤者有是心也，人皆有之，贤者能勿丧耳[6]。

一箪食[7]，一豆羹[8]，得之则生，弗得则死；嘑尔而与之[9]，行道之人弗受[10]；蹴尔而与之[11]，乞人屑也[12]。

万钟则不辨礼义而受之[13]，万钟于我何加焉[14]？为宫室之美，妻妾之奉，所识穷乏者得我与[15]？

乡为身死而不受[16]，今为宫室之美为之；乡为身死而不受，今为妻妾之奉为之；乡为身死而不受，今为所识穷乏者得我而为之：是亦不可以已乎[17]？此之谓失其本心[18]。

注释：

(1) 熊掌：熊的脚掌，为一种珍贵的食品。(2) 苟得：苟且求得(生存)。意思是只为求活，不择手段。(3) 患：祸患。辟：同“避”。(4) 如使：如果，假使，下文“使”同义。(5) 何不用也：什么手段不可用呢？(6) 丧：丧失。(7) 箪（dān）：古代盛饭的竹器。(8) 豆：古代盛肉或其他食物的木器。(9) 嘑（hū）尔：轻蔑或粗暴地呼喝。嘑：同“呼”。尔：语助词。(10) 行道之人：过路的人。(11) 蹴（cù）：践踏。(12) 不屑：不以为洁，即不愿接受。屑：洁。(13) 万钟：很厚的俸禄。钟：古代的量器。六斛四斗为一钟。(14) (有)什么益处。(15) 得我：感激我的恩德。得：通“德”，感恩的意思。(16) 乡：同“向”，向来，先前。(17) 已：止，罢休。(18) 本心：指羞恶之心。

4．类比论证

把两种具有某些相同或相似的属性的事物进行比较，用一事物的属性来论证另一事物也应具有的属性，从而确立论题的真实性。①

① 陈宗明：《逻辑与语言表达》326页，上海人民出版社，1984年3月。

《晏子使楚》中写了一段楚国君臣预谋诬陷齐人为盗的故事：

晏子至，楚王赐晏子酒，酒酣，吏二缚一人诣王。王曰："缚者曷为者也?"对曰："齐人也，坐盗。"王视晏子曰："齐人固善盗乎?"晏子避席对曰："婴闻之，橘生淮南则为橘，生于淮北则为枳，叶徒相似，其实味不同。所以然者何？水土异也。今民生长于齐不盗，入楚则盗，得无楚之水土使民善盗耶?"王笑曰："圣人非所与熙也，寡人反取病焉。"

面对楚王咄咄逼人的进攻，晏子没有正面反驳，而是运用类比论证的方法，将橘树生长在淮河以南是橘树，生长在淮河以北就成枳树，原因是水土不同这一自然现象，联系到人在不同环境的不同表现，这一机巧的类比，使晏子变被动为主动，反置楚王于尴尬的境地。

类比论证不强加于人，是在类比中自然而然地推导出结论，常能体现出一种寓刚于柔的说服力。

附录（4）

晏子使楚

（《晏子春秋》）

晏子使楚[1]，楚人以晏子短[2]，为小门于大门之侧而延晏子[3]。晏子不入，曰："使狗国者，从狗门入；今臣使楚，不当从此门入。"傧者更道，从大门入[4]。见楚王。王曰："齐无人耶?"晏子对曰："齐之临淄三百闾[5]，张袂成阴[6]，挥汗成雨，比肩继踵而在[7]，何为无人?"王曰：

“然则何为使子乎[8]?”晏子对曰：“齐命使，各有所主，其贤者使使贤主[9]，不肖者使使不肖主[10]。婴最不肖，故直使楚矣[11]。”

晏子将使楚，楚王闻之，谓左右曰：“晏婴，齐之习辞者也[12]，今方来[13]，吾欲辱之，何以也[14]?”左右对曰：“为其来也[15]，臣请缚一人[16]，过王而行，王曰：‘何为者也?’对曰：‘齐人也。’王曰：‘何坐[17]?’曰：‘坐盗[18]。’”晏子至，楚王赐晏子酒，酒酣[19]，吏二缚一人诣王[20]。王曰：“缚者曷为者也[21]?”对曰：“齐人也，坐盗。”王视晏子曰：“齐人固善盗乎?”晏子避席对曰[22]：“婴闻之，橘生淮南则为橘，生于淮北则为枳[23]，叶徒相似，其实味不同[24]。所以然者何? 水土异也。今民生长于齐不盗，入楚则盗，得无楚之水土使民善盗耶[25]?”王笑曰：“圣人非所与熙也[26]，寡人反取病焉[27]。”

注释：

(1) 使：出使。(2) 以：因为。短：身材矮小。(3) 为小门：开小门。延：请，引进。(4) 傧者：接引宾客的人。(5) 临淄：齐都城，故址在山东省淄博市东北旧临淄。三百闾：极言人口众多。二十五家为闾。(6) 袂（mèi)：衣袖。(7) 比肩继踵：肩膀靠肩膀，脚尖碰脚跟。比：靠。踵：脚后跟。(8) 使：派遣。(9) 其贤者使使贤主：那些贤能的人被派遣出使到贤明的君主那儿。前一个“使”是使、命令、派遣的意思；后一个“使”是出使的意思。(10) 不屑：不贤。(11) 直：只。(12) 习辞：善于辞令，很会说话。(13) 方：将要。(14) 何以：用什么办法。(15) 为其来：意思是当他来的时候。这时原“为”相当于“于”。(16) 请：请允许我做某事。(17) 何坐：犯了什么罪。(18) 盗：偷窃。(19) 酒酣：喝酒喝得正高兴的时候。(20) 诣 (yì)：到 (指到尊长那里去)。(21) 曷：同“何”。(22) 避席：离开坐位。(23) 枳 (zhǐ) 也叫“枸橘”，果实酸苦。现在我们知道，橘和枳是不同种的，橘化为枳的说法 是不科学的。不过，淮河以北的自然条件自然不适于橘的生长。(24) 实：果实。(25) 得无：莫非。(26) 圣人非所与熙也：圣人是不可同他开玩笑的。(27) 反取病焉：反而自讨没趣了。病：辱。

5. 因果论证

这一论证方法是通过论证事物发展的因果关系，来揭示事物发展的必然规律。

王充的《订鬼》，其论题在于：“凡天地之间，有鬼，非人死精神为之也，皆人思念之所致也。”也就是说，世上本没有鬼，所谓“鬼”，不过是产生于人的畏惧心理，而不是人死后精神变鬼。为了讲清道理，王充运用因果推理，来论证“鬼”的由来：

> 致之何由？由于疾病。人病则忧惧，忧惧见鬼出。凡人不病则不畏惧。故得病寝衽，畏惧鬼至。畏惧则存想，存想则目虚见。

因为“病”所以“畏惧”，因为“畏惧”所以“存想”，因为在病中胡思乱想，才会出现幻视，这就是见“鬼”的原因。通过这环环紧扣的推理过程，“鬼”的虚假性就被揭穿了。

附录 (5)

订 鬼

王 充

凡天地之间，有鬼，非人死精神为之也，皆人思念存想之所致也。致之何由？由于疾病。人病则忧惧，忧惧见鬼出。凡人不病则不畏惧。故得病寝衽[1]，畏惧鬼至。畏惧则存想，存想则目虚见[2]。

何以效之[3]？传曰[4]：“伯乐学相马，顾玩所见，无非马者[5]。宋之庖丁学解牛，三年不见生牛，所见皆死牛也[6]。”二者用精至矣！思念存想，自见异物也。人病见鬼，犹伯乐之见马，庖丁之见牛也。伯乐、庖丁所见非马与牛，则亦知夫病者所见非鬼也[7]。

病者困剧，身体痛，则谓鬼持棰杖殴击之，若见鬼把椎锁绳纆[8]，立守其旁。病痛恐惧，妄见之怨。初疾畏惊，见鬼之来；疾困恐死，见鬼之怒；身自疾痛，见鬼之击：皆存想虚致，未必有其实也。

夫精念存想，或泄于目[9]，或泄于口，或泄于耳。泄于目，目见其形；泄于耳，耳闻其声；泄于口，口言其事。昼日则鬼见，暮卧则梦闻。独卧空室之中，若有所畏惧，则梦见夫人据案其身哭矣[10]。觉见卧闻，俱用精神；畏惧存想，同一实也[11]。

注释：

(1) 衽（rèn）：卧席。寝衽：睡在床上。(2) 目虚见：眼睛发生错觉，模模糊糊地看见（鬼）。(3) 何以效之：用什么来证明它呢？效：验证。(4) 传（zhuàn）曰：古书记载里这么说。这里所引的是《吕氏春秋·精通》里的一些话。原文是：“伯乐学相马，所见无非马者，诚乎马也。宋之庖丁好解牛，所见无非死牛者，三年而不见生牛，用刀十九年，刃若新磨研，顺其理，诚乎牛也。”(5) 伯乐学相（xiàng）马，顾玩所见，无非马者：伯乐学习鉴别马的好坏，他专心在看马，因此习惯于把别的东西也看成马。伯乐：古时候善于相马的人。顾玩：仔细端详。顾：看。玩：寻思。(6) 这一句是说，宋国的一个厨工学习宰牛，他在三年里没有见过活牛，他看到的全是分解了的死牛。(7) 夫：语助词。(8) 绳缨 (mò)：绳索。(9) 泄：这里是表现、显露的意思。(10) 案：按。夫：语助词。(11) 同一实也：出于同样的情况。

(附录 (1) (2) (3) (4) (5) 的注释均引自《古文鉴赏辞典》，江苏文艺出版社，1987 年 11 月。)

6. 反驳论证

反驳是用自己的论证推翻别人的论证，它包括直接反驳和间接反驳。

李斯的《谏逐客书》精心挑选了一系列最能说明“客何负于秦哉”这一道理的典型材料，针锋相对地反驳秦国宗室大臣就“郑国事件”借题发挥来攻击客卿的言论，从而维护了自己的论点。鲁迅先生的《“友邦”惊诧论》用铁一般的事实，揭穿了国民党反动政府的谎言，直截了当地反驳了“友邦人士，莫名惊诧，长此以往，国将不国”的荒谬论点。这两篇文章都采用直接反驳，如此论证常具有短兵相接、一针见血的特点。

间接反驳包括归谬法与反证法。毛泽东在《反对党八股》一文中说：

> 我们有些同志欢喜写长文章，但是没有什么内容，真是“懒婆娘的裹脚，又长又臭”。为什么一定要写得那么长，又那么空空洞洞呢？只有一种解释，就是下决心不让群众看。因为长而且空，群众看了就摇头，那里还肯看下去呢？

在这里，毛泽东就是运用的归谬法。即，先假设被反驳的对象是真实的，然后再将被反驳的对象（一种论点或是一种做法）进行合乎逻辑的引申，引出其结论或结果的荒谬，其错误的结论或结果也就不攻自破了。

反证法是通过证明与被反驳对象相矛盾或相对立之处，证明与被反驳对象对立的论点的正确性，根据排中律的原则，也就指出了被反驳对象论点的荒谬和错误。

《史记·滑稽列传》中有这样一个故事，说楚庄王非常钟爱的一匹马死后，楚庄王居然让群臣为马服丧，听到对此不满的议论，他竟然下令："谁再阻止，判死罪！"宫中有个戏子跑到楚庄王面前大哭，楚庄王问他为什么哭，他答道："这匹马是大王最心爱的。以楚国之大，什么东西弄不到，现在以大夫礼埋葬这匹马，太寒酸了！我要求用君王的礼来埋葬。"楚庄王问他怎么个埋葬法，戏子又回答："我请求雕玉作棺，刻梓为椁，……齐、赵王走在送殡队伍之前，韩、魏王担任后卫。……这样，各诸侯知道了，就晓得大王贱人而贵马的事了。"

这个戏子运用的就是反证法。有人这样分析"戏子"论证的高明之处，要证明"不该用重礼葬马"，又不能直接触犯"龙颜"，戏子机智地先提出了一个反论题："该用重礼葬马"，提出这一反论题的目的是为了引出下面的判断："各诸侯会晓得大王贱人而贵马"，而引出这一对楚王非常危险的判断，目的在于用间接论证，证明"不该用重礼葬马"的正确性，也就反驳了“该用重礼葬马”的荒谬性。[①]

我们当然不可能要求即兴口语表达必须成为名垂青史的经典之作，但作为语言工作者，应该树立精品意识，应该有“语不惊人死不休”的追求。前人为我们留下了极其丰富的文学创作的宝藏，在这一节中大量举这些名篇佳作为例，无非是为了更好地学习和借鉴。在掌握论证方法这一练习阶段，对于这些名篇佳作，不仅要求熟读，还要求能够背诵，如果能学会熟练地掌握以上所运用的论证方法，无疑会使即兴评述条理更清晰，论证的逻辑性更强。

练习示例

1. 读下面这篇文章，然后即兴组织一段编后话。要求概括精当，观点深刻，导向明确。

附录（1）文字材料：

后勤交给社会办

——中国煤炭经济学院后勤改革效果好

本报讯　中国煤炭经济学院积极进行高校内部管理体制改革，把突破口选在高校发展的“后勤瓶颈”上，采取把社会资金引进校园、盘活存量资产、以土地换发展等方式，加速了学校后勤社会化的步伐，两年来取得了明显的经济效益和社会效益。

---

① 季世昌、朱净之：《对话·演讲·论辩》85页，江苏教育出版社，1990年3月。

中国煤炭经济学院位于山东省烟台市，去年9月由中央和山东省共建。把消费性后勤转变成为产业化后勤的转制过程中，他们走出了精彩的三步棋：

首先是寻找合作伙伴，引进校外资金。他们先与鸡西矿务局建筑公司烟台分公司达成协议，由学校出地皮，公司出资500多万元建设学生第二食堂，产权归学校，公司自产经营期限25年。学生第二食堂于去年9月建成后，他们又以同样方式与烟台华瑞商贸公司共建了一栋学生宿舍楼；其次是开源节流，盘活存量资产。他们大胆采用一次性买断经营权的办法，将学生第一食堂的所有权与经营权分离，把食堂固定资产核算评估，以净资产117万元为标底向社会进行招标，实行租赁经营，引进社会资金更新改造。他们还在同样的办法对浴池的经营进行改革；三是联合开发，以土地换发展。为充分利用学院土地资源优势，他们在校园边角地带与开发商联合开发，已开工了建筑面积12000平方米的第二教学楼，今年8月底交付使用。

附录（2）编后话

打破“后勤瓶颈”

走高校后勤社会化道路，是一些高等院校经过近几年探索得出的结论。高校后勤社会化改革不仅适应社会主义市场经济的需要，而且是高校内部管理体制改革的突破口，更是扩大高等教育规模必由之路。我们必须从战略高度来认识高校后勤社会化改革的重要性和紧迫性。

打破“后勤瓶颈”，推进高校后勤社会化的过程，是一个不断解放思想的过程。中国煤炭经济学院党政领导及时转变后勤办社会的观念，树立社会办后勤的思想，在工作中不断创新，值得大力提倡。[1]

点评

编后话不仅概括出了消息的要点，还帮助人们从一个更高的角度认识问题，起到了提纲挈领、画龙点睛的作用。

练习示例

2. 针对某新闻素材，发表自己的见解。比如，听完《盂县人民爱读书》这条消息后，以《富了口袋富脑袋》为题，进行评述练习。“述”，要求明白，清楚；“评”，要求语旨鲜明，有说服力。

附录（1）录音文字材料

盂县人民爱读书

位于太行山革命老区的山西省盂县，近几年来悄然兴起一股个人藏书、读书、著书热，追求健康向上的文化生活时尚。

目前，盂县重视文化教育、崇尚科学知识、追求精神富有的家庭越来越多。在盂县举办的“十大藏书家”评选活动和“中华魂”读书演讲、知识竞赛系列活动中，报名参赛者累计达到6000余人次。据不完全统计，盂县现有个人藏书

---

① 练习材料选自《人民日报》1999年9月2日第5版。

量达600万册，人均20余册，仅县新华书店去年一年的图书销售量就达199万余册。[①]

附录（2）学生课堂评述练习实录

富了口袋富脑袋

改革开放以来，我们的生活水平有了显著提高，特别是九五年国民经济第二步跨越的提前五年实现，更使我们的生活进入了小康阶段。人们在物质生活满足的同时对精神生活提出了更高的需求。太行山老区山西盂县农民的读书、藏书、著书热就是在这种社会大背景下兴起的。他们围绕读书开展了丰富的文化活动，该县个人藏书量已达600万册，仅去年一年，县新华书店就售出图书199万余册。

老区农民的读书热让城里人觉得新鲜，而新鲜之后，有眼光的人不仅看到了离盂县人民已不再遥远的更加富裕的生活，也看到了中国农业进一步向前发展的美好前景。

科学技术是第一生产力，发展、推广、应用农业科技，农业才能走上高产、优质、高效的现代化之路。科学技术的基础在教育，因此必须在农村大力普及科学文化知识。科教兴农，人的因素是关键，九亿农民的文化程度，不仅决定着社会主义现代化的步伐，更直接体现中华民族的文化、道德标准。盂县的农民靠勤劳脱贫，富了口袋后并不满足，因为他们知道，只有使脑袋富起来，才能使口袋更鼓，才能使日子越过越红火，才能真正走上现代化农业的康庄大道。

---

① 训练材料选自《人民日报》1999年9月20日第3版。

点评

述得简洁，评得明确，较有说服力地论述了脑袋富与口袋富的关系。

在这一阶段，还可大量进行演讲、辩论的强化练习，目的在于提高评述的综合能力，特别是熟练运用几种常见的论证方法的能力。

第四节

适应语境的练习

一、语境的内涵

语境，是指言语环境和使用语言的环境。它包括语言的自身环境和语言的外部环境两个方面。

语言的自身环境，是指言语片段或者说上下文、前言后语的连接环境。

语言的外部环境包括主观和客观两个方面，主观方面如：谈话参与者的年龄、职业、身份、思想、修养、性格、处境、兴趣爱好、文化层次、心理背景等等；客观方面如：社会环境（政治、经济、文化、时代、历史、民族、风俗背景等等）和交谈环境（时间、地点、场所、交际对象等等）以及传播环境（传媒语境——传播媒体与媒体的要求、栏目语境——栏目与栏目的要求、节目语境——节目与节目的要求等等）。

二、语境练习的基本要求

与书面语相比，口语表达对于环境的依赖性更为明显。换句话说，就是口语表达无法脱离一定的语言环境来进行。不同的语言环境，不仅影响和制约着口语表达的内容，还影响和制约着选择、运用、组合语言手段的方式、方法。因此说，适应语境的练习，就是要从适应语言的外部环境入手，进而选择到恰当而具体的语言自身的操作方式和方法。

适应对象

要尽可能多地了解对象，还要清楚自己所处的位置，摆正自己与交谈对象的关系。

适应社会环境

只有了解谈话所处的政治、经济、文化、时代、历史、民族、风俗背景等等，才能准确地把握所谈内容的精神实质，具有较高的政策水平，恰到火候，分寸得当。

适应交谈环境

吕叔湘先生曾经说过："此时此地对此人说此事，这样的说法最好；对另外的人，在另外的场合，说的还是这件事，这样的说法就不一定最好，就该用另一种说法。"① 可见交谈环境的重要。分析并适应交谈环境，可以帮助我们选择最佳的谈话角度和方式并取得最佳的谈话效果。

---

① 《修辞学习》1986 年第 1 期。

适应传播环境

适应传播环境，就是既要明确媒体的性质、任务，又要明确栏目甚至节目的风格、特色，这样才有可能在服从媒体、栏目、节目的共性要求的基础上，充分显现出谈话者的个性的风采。

练习

1. 同一话题，在不同的语境中与不同的对象进行交谈。

比如：从 1999 年 11 月 20 日开始，北京连降了几天的大雾，这场大雾，不仅给人们的日常生活带来了诸多不便，而且还引起了社会各界的普遍思考。我们曾围绕这一自然现象，以“浓雾的背后”为题，设定不同的语境（或与出租汽车司机在街头谈、或与有关专家在演播室谈、或在气象节目中谈、或在环保节目中谈等等)，进行适应语境的练习。

2. 根据同一材料，设计不同的栏目，针对不同的对象，选择不同的话题，从不同的角度进行论述。

比如，我们曾根据下面这个故事，设定了四个话题，要求针对不同的对象，进行适应语境的练习。

练习

北宋名臣寇准，有一次打算大摆宴席庆祝他的 50 岁生日，乳母刘氏劝他不要奢侈浪费。身居相位的寇准非但不计较刘氏的“犯上”之举，反而幡然悔悟，欣然接受“小人”的劝告，拒收寿礼，谢宾客，罢宴会。

话题 A：针对喜欢摆阔气、好吃喝的人来说，不妨把寇准作为一面镜子，从排场风、吃喝风中猛醒过来。

话题 B：针对不敢劝谏上级，不敢讲真话或有意献媚以取宠的人来说，在刘氏面前应该感到惭愧。

话题 C：针对身居要职的人来说，寇准从谏如流的作风值得借鉴。

话题 D：针对喜欢一点论，不善于全面看一个人的人来说，是否可以发现即使像寇准这样的名臣，也不是十全十美的。

第七章 即兴口语的准备

由于广播电视即兴口语具有公开性和广泛性，就必须避免日常生活口语的随意性，加强集中性、目的性、条理性。因此，即兴口语表达的准备工作就显得尤为重要。

第一节 关于素材的搜集和整理

新闻工作的性质决定了我们每天都要接触新的东西。谁也不是全能的天才，要想适应工作的需要，面对不断变换的新人、新事物，就要培养敏锐的感受力和准确的判断力，而感受力和判断力是建立在对素材的大量搜集、整理的基础之上的。要学会调查研究，要勤于思考，要有顺畅的信息渠道，还要有对繁多的素材进行去粗取精、去伪存真的分析和提炼概括的能力。

一、大量搜集素材，腿勤手勤脑子勤

好的选题的发现，有代表性的采访对象的确定，有深度

的话题的开掘，都离不开调查研究，离不开对生活素材的搜集。如果不能掌握大量的、鲜活的素材，就没有多少选择的余地，就很难找到具有典型意义的话题。

1998 年 3 月，九届人大一次会议以高票数通过了国务院机构改革方案。在这个方案中，人员分流的目标是机关干部编制总数减少一半。毫无疑问，一大批国家公务员将不得不面对分流的现实。

中央电视台《新闻调查》栏目，及时地抓住了《面对分流的公务员》这一选题，他们敏锐地意识到这是中国的又一场“举世瞩目的改革”，“是一场新的革命”。改革的难度是很大的，因为它“不仅直接牵涉到数百万即将下岗分流的公务员的去留，更是涉及到利益再分配的问题”。在调查研究中他们发现：尽管国务院机构改革的总体方针和框架已经出台，但对于定职能、定机构、定编制的三定方案许多人还一无所知，普遍存在着“猜测、观望、等待、期盼、焦虑和发牢骚等现象”。针对这些情况，《新闻调查》栏目决定将“调查采访的注意力更多地集中于面对分流的公务员的现实选择，集中于公务员们在这次机构改革中的所思所想”。[①] 接着，他们便在众多面临机构改革的部机关中，选择了分流难度较大的化工部，在化工部近 400 名公务员中选择了一位科员，一位处长和一位司长，作为采访对象。由于事先做了充分准备，这个节目播出之后，受到广泛的关注。

《面对分流的公务员》从选题到确定采访对象的过程，

① 中央电视台新闻评论部编《正在发生的历史》89 页，光明日报出版社，1999 年 4 月。

是对党和政府的大政方针不断学习、领会的过程，也是在调查研究的基础上，通过大量搜集素材，对现实情况由表及里、由浅入深的认识和深化的过程。由此可见，胸中有数，“不打无准备之仗”，才能使即兴口语表达避免盲目性，具有一定的典型意义，具有一定的说服力。

广播电视节目要接触和反映的领域相当宽泛，与现实生活的联系又非常紧密，在即兴口语表达的过程中，我们不仅要有话可说，还要有感而发，言之有物，言之有理，惟一的办法就是老老实实地向生活学习，就是要腿勤、手勤、脑子勤。有位作家说过，搜集素材就如同开掘矿藏，开掘得越广、越深，提炼得才能越精、越有“含金量”。因此，要养成记学习笔记、采访笔记的习惯，在飞速发展的信息时代，还要树立数字化生存的意识，学会利用计算机网络进行开发、搜集、整理信息资料的技术，使眼界更开阔，信息资源更丰富，信息处理更科学、系统。只有这样，才能及时了解新情况，才能成为一个具有现代化思维和现代化技术操作能力的高素质的博学人材。

二、掌握背景情况，做好充分准备

要使自己的作品不会如过眼烟云、不留任何痕迹，就要认真对待每一次创作活动，把每一次即兴口语表达都作为一份向社会交出的学习新课程的公开答卷。正如一位新闻工作者所总结的那样：对于一些重要新闻事实、新闻人物、新闻事件，必须从政治的高度、民族文化传统以及历史现实环境等方面，进行宏观、立体的分析，才可能使人们得到新闻背后的新闻，产生心灵上的启迪和震撼。

一是要全面地了解背景。要横向、纵向、方方面面整体地占有背景材料。要有点有面、有主有次、有主流有支流，把握事物的各个方面和各种内在的联系，避免片面、孤立地认识事物，抓住事物本质性的东西；要用历史的眼光和发展的眼光审视现实，把握历史、现实和未来发展的线索，理智、客观地抓住事物发展规律性的东西。

二是要具体地了解背景。既有理性材料，又有感性材料，对话性即兴口语表达，还要对谈话对象的经历、成就、思想方法、性格特征等等进行全方位、细致入微的调查和了解。

《战国策》中的“触龙说赵太后”，不仅由于透彻地论述了“王孙”“公子”们“位尊而无功，奉厚而无劳”，必将导致“近者祸及身，远者及其子孙”和“父母之爱子，则为之计深远”的警辟之见，还由于“既善于站在历史的高度分析形势，又善于具体地分析对方的性格特点和心理活动，以循循善诱的说理艺术”而给后人以启迪。老臣触龙之所以能在太后盛怒、坚决拒谏的情况下，最终说服赵太后，达到预期效果，原因就在于他一方面认真分析了赵太后“新用事”，缺乏统治经验，又固执、昏聩、容易感情用事的性格弱点，同时还总结了其他朝臣一味犯颜直谏而遭拒绝的教训，于是采取迂回曲折的攻心战术，“抓住母性爱子这一心理，投其所好，动之以情，先消除她的怒气，然后以理服人”。[①] 如果没有事前对各种背景情况全面而具体的把握和分析，触龙

① 引自《古文鉴赏辞典》897 页，江苏文艺出版社出版，1987 年 11 月第 1 版。

就是再有口才，也无法打破僵局说服赵太后。

在《杨澜工作室》采访的对象中，有学者季羡林，作家查良镛、史铁生，建筑大师贝聿铭，基因科学家袁隆平，还有社会学者、电影界人士、金融界人士、体育界人士、证券警察、市长、企业家、舞蹈家、传媒大亨、社会活动家等等。由一长串令人目不暇接的名单，可以想见采访所要涉及的领域有多么广泛。主持人杨澜在总结《杨澜工作室》人物采访工作时说："如果没有充分的案头准备，提问往往是浮浅的、漫无边际的。来宾会认为在同一个小学生谈话，甚至是对牛弹琴，谈话的兴趣肯定不高；没有准备的提问也往往是发散型的，东一榔头西一棒子，没有重点。半个小时的采访一晃而过，留给观众的却是一片模糊。"而准备工作充分，对采访对象的背景材料了如指掌，则不仅"可以使谈话顺畅自如"，还"常常能带来意外收获"。①

俗话说：巧妇难为无米之炊。无论你是谁，无论你多么有口才，要想将话说得"顺畅自如"，都离不开事先充分的准备。因此，认真搜集素材，全面、具体地了解背景材料，是即兴口语表达必不可少的工作，是成功地完成即兴口语表达的重要前提。

第二节

制订计划，打好腹稿

有稿播音的稿件讲究篇章结构，就是要根据主题的需要

---

① 杨澜：《我问故我在——杨澜访谈录》6页，学林出版社，1999年1月。

对材料进行合理的组织与安排，结构是支撑作品的“骨架”；无稿播音也不能因为是即兴而谈就等而下之地信马由缰、信口开河，它要求在有限的节目时间里说得有条有理、层次分明，也要归纳材料、明确目的、确定要点、选准角度，快速理顺“说”的思路。

制订计划，通常是由整体到局部地进行，也就是先形成言语行动的整体计划，然后再对局部和细节进行丰富、补充。

一、语篇结构的要求和方式

（一）语脉清晰，“一线贯穿”

李渔在《闲情偶寄》中说：“编戏有如缝衣，其初则以完全者剪碎，其后又以剪碎者凑成。剪碎易，凑成难，凑成之工，全在针线紧密。一节偶疏，全篇之破绽出矣。每编一折，必须前顾数折，后顾数折。顾前者，欲其照映，顾后者，便于埋伏。照映埋伏，不止照映一人、埋伏一事，凡是此剧中有名之人、关涉之事，与前此后此说之话，节节俱要想到，宁使想到而不用，勿使想到而忽之。”① 刘熙载在《艺概·经义概》中说：“凡作一篇文，其用意俱要可以一言蔽文。扩之则为千万言，约之则为一言，所谓主脑是也。……主脑既得，则制动以静，制烦以简，一线到底，百变而不离其宗。”

欧阳修的《醉翁亭记》，看似散，其实一点也不乱。究其原因，就是有“一线贯穿”。有人说：“这根线就是作者的

① 李渔《闲情偶寄》19页，作家出版社，1995年12月。

主观感受——‘乐’。正因为如此，文章的起、承、转、合，就无不统摄于作者主观感受和体验的波澜起伏。写山水，是抒发‘得之心’的乐；写游人不绝路途，是表现人情之乐；写酿泉为酒，野肴铺席，觥筹交错，是表达‘宴酣之乐’；写鸣声婉转，飞荡林间，是显示‘禽鸟之乐’，更是为着表达太守自我陶醉的‘游而乐’。欢于万物，乐在其中，全文因景生乐，因乐而抒情，这样，行文走笔，一路写出，围绕个‘乐’而展开，就不是断片的杂碎，而是统一的整体，犹如穿千颗珠玉缀在金线之中，收万道阳光凝于聚光镜上。也正因为有聚光点，有主骨架，文笔的散反而会转化成一种特色，显得运笔从容，左右逢源，越是散越是丰满了散文的血肉，增加了散文的生机，增添了散文的内容。”①

《醉翁亭记》值得借鉴之处在于，它将发散性思维与集中性思维有机地结合在一起，以“乐”为线索，语脉非常清晰。

编戏要求密针线，减头绪。散文要求“形散而神不散”。即兴口语创作同样不是材料“碎片”的随意堆积，要避免生活口语最容易出现的问题——零散，要避免东拼西凑、顾此失彼、想到哪儿说到哪儿或是平铺直叙、一根棍子通到底，就要重视和加强语篇结构的训练。

结构语篇，首先要紧紧围绕着“主脑”，不散不乱，“一线贯穿”地将纷繁的思绪整理出一条清晰的“怎么说”的思路，要组织好“说”的顺序，要设计起伏多变的节奏形式，要构思怎么开头、怎么结尾，先说什么、后说什么，怎么过

① 《古文鉴赏辞典》853页。

渡、怎么照应、怎么突出重点、怎么处理详略等等。

1998年4月17日，中央电视台《新闻调查》栏目播出的《从市长到囚犯》，在社会上引起了一定反响。原因有三：其一，抓住了“反腐败”这个社会普遍关心的选题；其二，挖掘出一个具有典型意义的“反面教材”；其三，在45分钟内完成的即兴采访，线索清楚，结构严谨，重点突出，节奏起伏多变，有力地强化了主题。

围绕揭示“权钱交易的本质”“受贿者的内心冲突”和“人性蜕变”几个中心问题，采访设置了三条线索：

1. 犯罪者的人生线：（刻画人物）

河北农村的穷孩子——靠奖学金毕业的大学生——获国家级奖励的技术革新能手——县长——市长——囚犯。

2. 犯罪者的腐败线：（叙事）

试图抵制——顺水人情——默认——心安理得——依“礼”办事——索贿——败露。

3. 受贿者的心理防线：（问题探究）

社会风气（怕得罪人）——人之常情——按程序办事——刑不上大夫——悔过。

这三条线索是通过四个段落逐步展开的：走向深渊的第一步——从忐忑不安到心安理得——从受贿到索贿——人生关照。①

整个采访过程虽然是以被访者叙述事实为主，但采访者却总能在主要事实和问题的关节点上，不断找出破绽，进行反驳或质疑。通过反复几个回合的交锋和有意留出让对方沉

① 《正在发生的历史》69页。

默的时间，给编导留出剪辑和转场的“气口”，这样，不仅使采访的过程形成相对完整的段落，使节目的内在节奏大大加快，还使采访者始终处于主导地位，无论怎样即兴发挥，话题却始终没有偏离所要揭示的主要问题，始终没有偏离预先设置的主要线索。

如果没有明确的语篇结构，是不可能达到如此令人满意的效果的。由此可见，即兴口语表达要有起伏变化，“层层涟漪”、“洄曲湍回”，但又“万变不离其宗”，围绕主线、题旨，思绪清晰，繁而不乱，首尾呼应，衔接紧凑，详略得当，不疏散、疏松，首先就必须整体把握语篇结构，理顺“说”的线索。

（二）逻辑严谨，层层递进

有稿播音的“稿件”是由篇章结构和逻辑结构两方面内容辩证统一而成的。即兴口语节目（特别是即兴评述节目）不仅要将话说得线索清晰，还要将话说得逻辑严谨，也必须在理清“说”的顺序的同时，注意“说”的逻辑结构方式。

为便于练习，介绍几种常见的逻辑结构方式：

1.“总—分”式

“总—分”式，即先概括提出中心论点，然后再分别加以论述。

韩愈的《杂说四》（马说），开篇便以警句式的议论揭示中心论点：“世有伯乐，然后有千里马。千里马常有，而伯乐不常有。”然后又围绕中心论点，从三“难”（发现“难”，饲养“难”，使用“难”）三“愤”（“愤”“策之不以其道”，“愤”“食之不能尽其材”，“愤”“鸣之而不能通其意”）几方面分别加以论证。

这种结构方式，开门见山，提纲挈领，重点明确，论点肯定而坚决。

2．“分—总”式

“分—总”式结构，是先分层加以论述，最后再归纳出论点。

《舜发于畎亩之中》要阐明的是“生于忧患，死于安乐”的道理，但在文章的开头，作者没有直接揭示论题，而是先一口气列举了六位在“忧患”中崛起的古代圣贤的事例：

舜发于畎亩之中，

傅说举于版筑之间，

胶鬲举以鱼盐之中，

管夷吾举于士，

孙叔敖举于海，

百里奚举于市。

接着，作者又从客观环境对人的影响，主观世界对客观环境的能动反应两方面进行论证，最后，由这六个特例，作者归纳出一个带有普遍意义的结论：“生于忧患，死于安乐”。

这样的结构方式，生动、具体，以事实为根据，水到渠成地揭示出论题，不强加于人，具有以理服人的力量。

3．层层递进式

这种结构方式，如层层剥笋，由表及里、由浅入深，论证周密，层层递进。

韩愈的《原毁》通过揭露“事修而谤兴，德高而毁来”的丑恶现象，挖掘毁谤之风形成的根源，目的是“将有作于上者（居高位想有作为的人），得吾说而存之（记住）”以了解下情，纠正歪风，识别贤才，治理好国家。为将理说透，韩愈分四段从几方面逐层剖析：

古之君子，其责己也重以周，其待人也轻以约。重以周，故不怠；轻以约，故人乐为善。

开篇先作出第一个论断：古之圣贤责备自己总是很重、很周全；对待别人却总是很宽厚、很随和，然后，仔细说明这样做的好处。接着，韩愈作出了第二个明确的论断：

今之君子则不然。其责人也详，其待己也廉。详，故人难于为善；廉，故自取也少。己未有善，曰："我善是，是亦足矣。"己未有能，曰："我能是，是亦足矣。"外以欺于人，内以欺于心，未少有得而止矣，不亦待其身者己廉乎？

通过鞭挞"今之君子"对己毫无要求，对别人求全责备的做法，使"古之君子"与"今之君子"、"好"与"坏"形成鲜明对照。接下去的第三段，韩愈不失时机地开始挖掘"今之君子"的思想根源，围绕一个"怠"字（自己"不能修"）和一个"忌"字（"畏人修"），环环紧扣、步步逼近"事修而谤兴，德高而毁来"的结论，在将理说透后，自然而然地在最后一段点明了写作意图。

《原毁》采用层层递进的结构方式，"论如析薪"，分析透彻，反复推论，逻辑性强。这些正是递进式结构的优势。

在《从市长到囚犯》的采访过程中，记者就很好地采用了层层递进的方式，使谈话"紧锣密鼓"，步步深入。

请看围绕"是卖官，还是按照组织程序'推荐'干部"这一问题，记者对原鹤壁市市长朱震江的一段采访记录：

记者：有一个妇女，她为自己的丈夫从副局长升到正局长来找过你？……你觉得他能当局长吗？

朱震江：我觉得他作为专门学地矿的专业人员，还是可以的。

记者：那你为什么不能在正常的程序里面表达你的意见使他成为局长呢？

朱震江：我并没有违背任何程序。对他的使用上，我没有在下面跟任何一个部门或哪一位领导去专门为他说情。但在常委会研究的时侯，我确实是为他说话了。

记者：你为他说话，和他三番五次地给你送钱有没有关系？

朱震江：当然有关系了。

记者：你受了贿，并且在常委会研究的时侯，为他说话，能说是按照组织程序吗？

朱震江：按照组织程序是按照组织程序，这和受贿、不按照组织程序是不一样的。

……

记者：在起诉书所列举的这些事实里面，列举52个事实，其中42个事实是跟收钱、帮人搞职务或者调工作有关系，这样大的一个数字，今天你怎么来反思呢？……这些问题集中地表现在一个市长的身上，你觉得反映了一个什么问题？

朱震江：在干部管理的程序和监督机制方面，确实存在一些问题，不能把管人的权集中到一个人身上，这往往导致了腐败现象的产生。

……

记者"穷追不舍"，紧紧地抓住问题的要害不放，显示出不可抗拒的逻辑力量。这不仅使对方无法逃避，而且使谈话内容增强了张力，从而较为有说服力地揭示了权钱交易的本质。

能够熟练地运用以上几种方式，可使语篇结构更严谨，具有层次感，具有逻辑力量。

（三）精心设计开头和结尾

“凤头、熊腰、豹尾”，这是古人对文章和戏剧结构要求的形象比喻。这不仅对于有稿播音的稿件，而且对于无稿播音的话语组织，也具有借鉴意义。

1. 好的开头，是成功的一半

有这样一种说法：好的开头，是文章写作成功的一半。其实，广播电视即兴口语的“开场白”分量更重，如果“开场白”能像“凤凰头冠”般“美丽”，就可以控制和调动起听者的情绪、吸引更多的人锁定频道；反之，人们也可能会立刻调整频道，去收听或收看其他节目。因此，这“第一炮”尤其得“打得响”，“打得漂亮”。

下面简要介绍几种“开场白“的方法：

(1) 开宗明义

一开始就让人知道你所要说的主题，让人了解你要讲的中心论点和内容。

荀子的《劝学》开篇就郑重地提出：“君子曰：学不可以已。”荀子认为人的本性是“恶”的，必须用礼义来矫正，所以他特别重视学习。开篇就提出中心论点，无非是将“学习不可以停止”这一关键性的问题突出、强调出来。

1998年7月3日中央电视台《新闻调查》栏目播出的《包头禁毒》，开场白是这样的：

80年代末，90年代初，毒品在我国死灰复燃。包头成为北方重灾区。1997年5月11日，包头市委市政府郑重宣布包头已经实现了社会面基本无吸毒人员，这意味涉毒人员一出现，就会百分之百被控制住。包头市委市政府的行为向人民证明了吸毒是顽症但不是绝症，只要全社会建立起强大的帮教监控网络，就可能控制毒品的蔓延。

毒品“就在我们身边”，怎样控制毒品的蔓延？这是全社会都在普遍关心的问题。“吸毒是顽症但不是绝症”，根治的办法之一就是要在“全社会建立起强大的帮教监控网络”。一开头就让人了解了节目的主要内容和主要论点，震人心魄，引人入胜。

(2) 开门见山

叶圣陶先生曾举过这样一个例子，说有位演讲者，开口对听众说：“今天本来没有什么准备，实在是没有什么说的。”叶先生指出：“谁都明白，这其实是谦虚。可是，演讲者未免少了一点思考，你说不曾准备，没有什么说的，那么为什么要上讲台耗费听众大量时间呢?”开门见山，就是少说空话、套话、假话，少浪费时间，赶紧进入正题。

有一次，一位西方女记者在一家饭店门口拦住了以色列前总理拉宾。那位女记者也许是太想表现自己了，她滔滔不绝地向拉宾讲了一大通背景，至少有七八句，当拉宾听得极不耐烦时，女记者才开始甩出自己精心设计的问题，可她刚开了个头，拉宾就用一个“YES”打断了她，转身扬长而去。[①] 这位女记者的教训值得借鉴。如果开头啰嗦，不能有效地抓住谈话的时机，就可能失去被采访者的耐心，失去受众的耐心，失去一些难得的机遇。

1994年，美国国会表决拒绝延长中国的最惠国待遇，接着，克林顿总统否决了国会的表决，决定再延长一年对中国的最惠国待遇。最后的决定将取决于参众两院在六月初是否能以三分之二的绝对多数票再次否决总统的决定。就在这个当口，一直跟踪采访这一事态的中央电视台《焦点时刻》栏目，获得美国前国务卿基辛格正在北京参加会议的信息，于是决定采访这位"冷战的见证人，也是维持冷战不向'热战'发展的倡导者"，请他谈谈最惠国问题。

记者水均益事后说："我感到了一种前所未有的压力。因为我将面对的是一位曾几何时在世界舞台上叱咤风云的人物，是一位在年龄上和我相差整整四十年的沧桑老人。同时，基辛格博士还是一位很容易让坐在他对面的'小记者'感到无所适从的'老外交'……"经过集体的认真研究，他们制订出的采访方案是"问题上来就要'狠'，要让他意想不到。这样他才会认真对待坐在他对面的这个'小记者'。"

记者问的第一个问题是："基辛格博士，在冷战结束前后的这些年，国际关系显然发生了很多变化，您认为冷战结束后中美两国是一种什么关系？我们是朋友呢还是敌人？"

记者问的第二个问题是："博士先生，既然您认为冷战前后，中美两国都是政治上的朋友，那么为什么这么多年来，我们两国一直存在着分歧和争论，特别是在像最惠国待

---

① 《前沿的故事》172页，南海出版公司，1998年10月。

遇这样的问题上?"

记者上来就接连提出两个极其尖锐的问题，使基辛格这位“面对过无数记者的行家里手”也显出了“一点意外”，他不得不“戒备”，不得不“格外认真”地听着，还“不住地点头”。①

开门见山，直截了当地切入问题的关键所在，可以有效地利用人们最佳的心理注意时间，不拖拖拉拉，语言简洁、内容集中。对于寸秒寸金的广播电视节目来说，这种开头的方法很值得重视。

（3）介绍全局背景

第二次世界大战期间，在德军占领法国、贝当投降政府上台这个危急时刻，戴高乐将军发表了著名的广播演讲《谁说败局已定》。演讲的开头是这样的：

> 担任了多年军队领导职务的将领们已经组成了一个政府（指原法国总理贝当元帅对德军投降后组织的“维希政府”）。这个政府借口军队打了败仗，便同敌人接触，谋取停战。
>
> 我们确实打了败仗，我们已经被敌人陆、空军的机械部队所困。我们之所以落败，不仅因德军的人数众多，更其重要的是他们的飞机、坦克和作战战略。正是敌人的飞机、坦克和战略使我们的将领们惊慌失措，以至出此下策。
>
> 但是难道败局已定，胜利已无望？不，不能这样说！

① 《前沿故事》152—153页。

演讲一开始，戴高乐将军就将法国所面临的严峻形势作了全景式的分析，扣人心弦、惊心动魄。

开始先介绍背景，从大处着眼，关照全局，往往能有效地强调和突出话题的重要性，以引起人们的热切关注。

(4) 从回答听众关心的问题谈起

在一次名叫“洗衣机纵横”的电视节目的开头，编辑设计了一组人们争相购买洗衣机的画面，并撰写了这样一段画外解说：

> 随着人们生活水平的不断提高，洗衣机进入了越来越多的家庭。目前市场上供应的洗衣机，主要以波轮式为主，而洗衣机的生产则正在朝半自动和全自动方向发展，那么选择和购买哪种洗衣机为好呢？我们先不忙定论，还是在洗衣机市场上浏览一下为好。

在播出时主持人沈力作了如下的调整：

> 很多朋友来信说，现在洗衣机种类比较多，不知道买哪一种好，让我们给参谋参谋，因为我们不了解您家里的具体情况，这个参谋怕当不好，所以就录制了一个节目叫“洗衣机纵横”，向您介绍各类洗衣机的特点。您可以根据自家的情况和条件看买哪种好。

沈力将平铺直叙的一般性的介绍，调整为一段热乎乎的亲切话语，开场便实实在在地回答了观众关心的问题，不仅使节目的内容更有针对性，还缩短了主持人与观众之间的距离。

(5) 从感人的故事谈起

《东方之子》的主持人白岩松在《学者系列——季羡林》节目的开始，先讲述了这样一个故事：

北大的一位新生到学校报到的那天，在校园里碰到了一位衣着朴素的老人，他以为是校工，便请他帮忙看行李。一个小时以后，他回来了，那位老人在行李旁等着他，他谢了老人。第二天的开学典礼上，这位新生惊奇地发现，主席台上，昨天帮他看行李的老人正坐在校长的旁边，他就是副校长季羡林。

主持人用白描的手法，将一位可亲可敬的大学者的形象勾画了出来，这个生动、感人的故事一下子抓住了观众的心，使人们锁定频道，渴望更多地了解季先生。

(6) 从幽默的话题开始

1999 年 4 月，在科索沃硝烟弥漫、美国的反华势力又甚嚣尘上之时，朱总理如期访美，令举世瞩目。

朱总理访美期间的一次记者招待会开始时，气氛明显有些紧张，有位美国媒体的记者向朱总理提问，请他就最近美媒体报道的所谓“中国窃取美核机密一事”作出评论。朱总理十分严肃地表示：他以中华人民共和国政府总理的身份郑重声明，他绝不知晓此事。江主席也不知道。朱总理接着又说，他认为美国人低估了两点，一是低估了美国的安全保卫措施和技术手段，二是低估了我们中国研制尖端武器和技术的能力。话锋一转，朱总理又讲了一个故事：洛杉矶市的市长夫人曾问朱总理如何庆祝今年的中国 50 年大庆。朱总理当时回答说，我们将展出中国制造的最现代化的武器。市长夫人听后马上建议说，你们最好在武器上标明“中国制造”，这样就不会有人怀疑是从美国偷来的。朱总理当即表示，这个建议很好，回去后他会认真考虑。一席话，让台下听众，包括克林顿在内捧腹大笑。[①]

朱总理一开场便于谈笑风生间吸引了听众，既申明了我国政府的严正立场，有力地回击了恶语中伤，又用机智幽默、妙趣横生的话语缩短了与他们之间的距离。

(7) 从事实谈起

1998年5月15日，中央电视台《新闻调查》栏目播出了《国企亏损的背后》，开头是这样的：

> 个人得了一只蛋，企业丢了一只鸡。内蒙古自治区于1996年8月开始在全区范围对392家因为非正常原因造成亏损的国有企业进行了解剖分析。通过剖析，全区392家非正常亏损的国有企业，目前已被调整领导班子的有158家，立案审理的大小案件165件，受党纪行政处分的90人，移送司法机关处理的104人。

新闻是用事实说话的，这一串令人震惊的数字，一开始就紧紧地抓住了观众的注意力，揭示了问题的严重性，发人深醒，引人深思。

(8) 开篇设疑

敬一丹在《我们“认”头脑为产业吗?》(下) 以提问的方式开头，别具特色地引出了论题：

> 主意值多少钱？在某种条件下，它可能不值一文，在另外一种情况下呢？它可能价值连城，甚至无法估量。主意是头脑生产的，对于专门生产主意的头脑产业，我们又该怎样估量它的作用呢？我们真该问一下自己：我们“认”头脑产业吗?

---

① 李涛发表在1999年4月9日《北京晚报》11版的报道。

开篇设疑，连珠炮般的发问，引人思考，毫不拖泥带水。

文无定法，开头当然也无固定的格式可以以不变应万变地套用。介绍以上几种开头的方法仅供参考而已，目的无非是为了引起大家对这个问题的重视。

2. 画龙点睛和画蛇添足

结尾同样是即兴口语表达不可忽视的重要环节，画龙点睛而不是画蛇添足的结尾，可以给人们留下深刻、完整的印象。

下面再介绍几种结尾的方法：

(1) 直抒情怀

据香港《星岛日报》和《东方日报》1999 年 4 月 9 日报道：

> 在白宫为朱镕基总理访美举行的欢迎仪式上，当克林顿念完欢迎词后，朱总理居然不带一页讲稿，一字一句举重若轻地发表了演讲，结尾时，他突然改用英语说道："I Love Chinese People（我爱中国人民）I Love American People（我爱美国人民），Thank You。"朱总理用出其不意的方式，直抒情怀地结束了演讲，令人们在"耳目一新之余，更是拍手欢呼"。

巴金先生在《愿化泥土》一文的结尾处写道：

> 我家乡的泥土，我祖国的土地，我永远同你们在一起接受阳光雨露，与花树、禾苗一同生长。我唯一的心愿是：化作泥土，留在人们温暖的脚印里。

巴金先生用饱含深情的议论结束了全篇，读后令人激动不已。这样的结尾，往往能将人们的感情推向高潮，给人们一种心灵的感染和震撼。

(2) 言有尽而意无穷

萧红在《回忆鲁迅先生》的结尾写道:

又过了三个月。

一九三六年十月十七日,鲁迅先生病又发了,又是气喘。

十七日,一夜未眠。

十八日,终日喘着。

十九日,夜的下半夜,人衰弱到极点了。天将发白时,鲁迅先生就像他平日一样,工作完了,他休息了。

在这看似平淡无奇的话语中,浸透着对鲁迅先生无限的爱。

这样的结尾,真可谓"此处无声胜有声"。"余音绕梁",耐人回味。

中央电视台节目主持人白岩松在节目中,曾以这样一段话作为结束语:

其实,幸福就像水一样的东西,就在我们身边流过,就像一杯好茶,亲人的一张笑脸,午后一抹温馨的阳光,半夜下班时万家灯火中为你点亮的那盏灯。

有专家这样评介:"这一席话很是撩人,仿佛在你浮躁的心上吹过一阵清风,让你沉静、平和。"

(3) 展望未来

马丁·路德·金在《我有一个梦想》这篇著名的演讲的结尾说道:

当我们让自由之声响起来,让自由之声从每一个大小村庄、每一个州和每一个城市响起来时,我们将能够加速这一天的到来，那时，上帝的所有儿女，黑人和白人，犹太教徒和非犹太教徒，耶稣教徒和天主教徒，都将手携手，合唱一首古老的黑人灵歌："终于自由啦！终于自由啦！感谢全能的上帝，我们终于自由啦！"

这如火山爆发般燃烧着的结束语，有一种排山倒海、鼓舞人心的力量，令人对未来充满希望。

(4) 总结全文

第二次世界大战后，罗素与爱因斯坦等科学家发表宣言，反对核竞赛。在由罗素起草的这篇题目为《科学家要求废止战争》的宣言最后写道：

鉴于未来任何世界大战必将使用核武器，而这种武器威胁着人类的继续生存，我们敦促世界各国政府认识到并且公开承认，它们的目的决不能通过世界大战来达到，因此，我们也敦促它们寻求和平办法来解决它们之间的一切争端。

在结尾处，用精炼的语言总结全文的内容，再次点明主题，起到了画龙点睛的作用。

(5) 分析比较，揭示本意

杜牧的《阿房宫赋》，极尽铺张之能事，由宫殿的富丽堂皇，写到："戍卒叫，函谷举，楚人一炬，可怜焦土。"看似"泼墨如云，多方渲染"，实则铺张有序，"环环紧扣，步步递进"，直写至笔墨酣畅，才在最后将笔突然收拢发出了如此这般的议论：

呜呼！灭六国者，六国也，非秦也。族秦者，秦也，非天下也。嗟夫！使六国各爱其人，则足以拒秦；使秦复爱六国之人，则递三世可至万世而为君，谁得而族灭也？秦人不暇自哀，而后人哀之；后人哀之而不鉴之，亦使后人而复哀后人也。

有人这样评议《阿房宫赋》的结尾：“历史的回顾，有着现实的用心。最后的作者议论，给唐王朝不啻浇了一瓢钻心透骨的冷水。文章突出一个‘鉴’字，引古用以鉴今，述昔借以讽世，企冀唐统治者以秦为镜，回心转意，更弦易辙。”[①]“渲染”到最后，作者才在结尾处通过分析比较，有力地揭示了自己的本意。

(6) 警语动人，立意高远

用语精意邃的警句结尾，既具有高度的概括力，又可以给人留下难忘的印象。

嗟夫！予尝求古仁人之心，或异二者之为。何哉？不以物喜，不以己悲；居庙堂之高，则忧其民；处江湖之远，则忧其君；是进亦忧，退亦忧。然则何时而乐耶？其必曰“先天下之忧而忧，后天下之乐而乐”乎。噫！微斯人，吾谁与归？

《岳阳楼记》这精辟、响亮的结束语，不仅使全篇生辉，而且成为千古流传、脍炙人口的警句。

节目的结尾也没有固定的格式，但无论采取哪一种风格，哪一种形式，都要求最后一次打动听众，都应该是节目的高潮和精采之处。

节目的开头和结尾是非常重要的，一方面要重视事先的精心设计，另一方面还要在即兴表达的过程中注意观察和感受，善于激活灵感，及时捕捉有趣的话题，使开头或结尾更

---

① 《古文鉴赏辞典》853 页。

有真实感和现场感，更生动和鲜活。

1995年6月17日《焦点访谈》播出的《在沙漠边缘》，其真实感很强的开头和结尾，曾给观众留下过深刻的印象。主持人敬一丹在甘肃一处沙漠地带进行现场采访时，无意中听到一位老大娘喊他孙子的名字："沙沙"，敬一丹敏锐地捕捉到这一细节，并以下面这段话开始了访谈：

敬一丹：大娘，这孩子叫什么名字？

大娘：他叫沙沙。

敬一丹：为什么取名沙沙？

大娘：你看这屋里屋外，出门是沙，进门也是沙。

紧接着，她又问起邻居家小姑娘的名字，回答叫"翠翠"，敬一丹听后动情地说：

这个小姐姐名叫"翠翠"，沙窝里的孩子起出这样水灵灵、绿莹莹的名字，不是能看出乡亲们的盼头吗？

在这期节目的结尾处，敬一丹看着身后一片片翠绿翠绿的杨树，又加强语气地说了这么一段话：

在我即将完成这个节目时，特意编辑了这样一组画面放在结尾。这绿色，是我们一路采访时追寻的颜色，是西北沙漠大片灰黄基调上的亮色，也应该是伴随着沙沙、翠翠长大的颜色。一位摄影记者说，到西北沙漠画画，只需带两种颜料，带十管黄的、一管绿的就够了。我想，画今天的沙漠是这样，但愿画明天的沙漠时，多带几管绿颜色。

《在沙漠边缘》的开头和结尾，自然质朴而又寓意深远，它是主持人在现场激活灵感的结果，也是主持人对节目主旨准确把握的体现。

练习示例

运用逆向思维，并参考本节介绍的几种逻辑结构方式，以《物以“多”为贵》为题，完成即兴评述的文字提纲。要求：通盘考虑“说”的内容，确定“说”的线索，设计头、尾，简明扼要。

附录（1）

学生课堂练习实录

《物以“多”为贵》提纲

一、采用“先总后分”的结构方式，“开门见山”揭示题旨：信奉“物以稀为贵”，会使产品“有质量无批量”。

二、运用对比的方法，具体阐述“物以‘多’为贵”的优势。

1.“多”才能满足需求。

2.“多”可以调控市场。

3.“多”便于发挥区域优势。

4.“多”有利于集约经营、集中管理，与“贵“结缘。

5.“多”可扩大加工能力，增效、增值。

三、结尾提醒人们：“多”，并不等于越“多”越好，要适度。①

① 练习参考材料选自北京广播学院播音主持艺术学院1997播音班学生课堂练习笔记。

附录（2）

《物以“多”为贵》全篇实录

长期以来，人们信奉“物以稀为贵”，忽视规模效益，许多产品“有质量无批量”。与“物以稀为贵”相比，“物以‘多’为贵”是一个大的进步。其一，“多”是指产品既有质量又有批量，既有知名度又有规模效益。这样的“多”才能捏成“拳头”，满足需要，多多益善。因此，实现“物以稀为贵”向“物以多为贵”的转变，在名特优产品的发展上就要敢于扩大生产能力，变样品为适销商品，变礼品为拳头产品，变纪念品为消费品，进而使产量增加，效益增长，财政增收，群众增利。其二，名特优产品“多”，才可以调控市场，主宰市场，充当购销“主角”；才可以实行旺储淡销，在销售上打“时间差”；才能推行余缺调剂，在调拨上打“地区差”，以灵活的经营策略取得良好的经营效益。其三，便于发挥区域经营优势。“多”不是全面的多，而是局部的多；不是整体的多，而是区域的多；不是到处都多，而是唯我独多；不是模仿别人、追风赶浪、重复建设，而是凝聚当地自然、资源、人才、产业等多方面的优势，实现多优势组合。这样的“多”，才能避免结构趋同，形成良好区域布局。其四，名特优产品多，有利于实行基地开发、连片生产，集约经营、集中管理，形成上有“龙头”带动，下游基地保障，农工技贸一体化、产供销储一条龙的发展格局，避免遍地开花，分散布局，使“多”与“贵”结下不解之缘。其五，有利于提高工农业相关度。优势资源和产品多了，则必须考虑增值、效益问题，开展系列加工。扩大加工能力，发展前店后厂，实现多次增值。只搞“原”字号，则必然无利可图，多而不贵。

“物以‘多’为贵”，并非摊子铺得越大越好，东西越多越好。多，要适度，不能过度。多到什么程度为好，要以市场为向导，量力而行，讲求供需平衡，搞好宏观调控。无视市场需求，什么都是“多如牛毛”，则必然欲速不达，越多越积压，越多越浪费，等待我们的必然是个“多事之秋”。①

二、由“点”到“线”打好腹稿

口语表达整体框架的完成，可能落实为完整的文字提纲(如课堂练习实录《物以“多”为贵》提纲)，由于时间的严格限制，更多的时候也可能仅仅是腹稿。

腹稿，《现代汉语词典》（商务印书馆 1997 年修订本）是这样解释的：“已经想好但还没写出的文稿”。“已经想好”，就是说已经形成了表述的基本格局；“还没有写出的文稿”，就是说它仍然处于内部语言形态，它还只能是以一种“特殊的简缩形式”记录在“心里”或纸上的表述要点。

即兴口语表达，要靠思维与语言紧密配合，共同来完成。

即使是在“心”里打腹稿，离开语言主动、积极的参与，思维活动也是无法进行的，更何况在条件允许的情况下，人们还习惯于用简缩的文字记录表述要点。打腹稿，是

① 练习参考材料选自左裁发表在《人民政协报》1999 年 10 月 14 日第 6 版的文章。

为了顺利完成从内部语言向外部语言的转换，在这一过程中，思维要借助语言使其更具有条理性、缜密性；语言也要通过活跃的思维活动，迅速将极其简缩的“语点”扩展编码为完整、丰满的语句。

如果说搜集素材，整理文字提纲等等是口语表达事先的准备，那么，打腹稿就是在事先准备的基础上于表达现场即兴完成的准备。

从 1999 年 11 月 20 日开始，北京连降了几天的大雾，围绕这一自然现象，我们在课堂上进行了一次独白性即兴口语的练习。在严格限定时间的情况下，不可能形成较为系统的文字提纲，因此，学生们在即兴准备的过程中，留下的不过是一些能够对表述起提示作用的“语点“而已。试分析一位同学的课堂练习实录：

表述要点	评述实录
一、开门见山 大雾 五级 污染	自 11 月 20 日以来，北京地区连降大雾，同时空气质量下降到五级。在一片茫茫大雾之中，北京市民最直接的感触是：北京的空气质量又下降了，空气污染又严重了。
二、现状与成因 由 93 年申奥谈起 问几级 伍绍祖的回答	这使我想到了几年前的一件事，那时北京正在申办 2000 年奥运会。据当时随团采访的记者回忆说：悉尼申奥工作负责人曾在全体国际奥委会成员面前问我们的伍绍祖主

	任，北京的空气质量是几级？
将投入巨资治理	伍绍祖主任回答说，我们将投
	入巨资用于北京环境污染的治
相信	理工作，相信当 2000 年奥运
	会在北京举行时，我们能给各
清新　透明	国运动员清新的空气和透明的
	蓝天。尽管他的回答非常巧
然而	妙，然而远期的承诺毕竟还缺
	乏对现实的说服力。
引到现实	现在是 1999 年 11 月 25
临近千禧年	日，距离千禧年的到来还有几
再申奥之际	十天的时间。当不服输的中国
	人正满怀信心地准备申办
危害	2004 年奥运会之际，让我们
1. 飞机停飞	来看一看现在北京的空气状况
2. 高速路关闭	又是怎样的呢？茫茫大雾造成
	首都国际机场 70 架次飞机被
	迫停飞，高速公路 24 小时关
	闭。有人颇具黑色幽默地说，
	在这样的天气里骑车真有“自
	古华山一条路”的感觉，到了
	地形稍微复杂的地方，是向左
	拐还是向右拐完全是凭直觉。
雾的形成	下雾，本来是由于“气温
气温下降　水蒸气凝结	下降时空气中所含的水蒸气凝
正常	结成小水点，浮在接近地面的

	空气中”而形成的一种比较正常的自然现象。
非正常 警惕　污染	但气象专家们指出，像今冬北京这样连降大雾，却是一种少见的现象，必须高度警惕潜藏在正常自然现象背后的非正常因素，即：城市污染。
三、前后呼应	几年前我们申办奥运会，提出的口号是“开放的中国盼奥运”。
盼奥运	那么现在，处在世纪之交的中国应该说比以往任何时候都更期盼奥运，期盼五环旗。
行动 呼唤法律　法规 环保意识 全社会	我们决不能因环保问题而再度败下阵来，为此，我们呼唤有关法律、法规的尽快出台，呼唤市民的环保意识，呼唤全社会都来关心我们的生存环境，爱护我们共有的家园。
“清新”“透明” 不能 而必须	将“清新的空气”和“透明”的蓝天“还给北京”，决不能是一个遥遥无期的承诺，而必须在我们手中变成美好的现实。

通过以上“表述要点”与“评述实录”的对比，可以发现：由“想”—“说”的过程，是思维逐步条理化、缜密化

的过程，也是语言逐步完整化、准确化的过程。

腹稿不同于文字较为完整的提纲，它要依靠一个个极其浓缩的“语点”，形成整体框架、形成段落甚至语句计划，确定如何转折、如何衔接、如何过渡照应，提示信息的关键点和关键性词语等。腹稿是表述不可缺少的重要依据，但又不是完全的依据。因为，未完成的“语点”还有待扩展，丰富，所以，即兴口语表达的过程只能是一个边制订计划边实现计划，边想边说，现想现说，想和说不能分割的循环往复的过程。

在这样一个过程中，我们不仅要善于接受新的刺激，产生新的“语点”，还要善于按照一定规则迅速对这些“语点”进行排列组合，围绕着这些“语点”，经过快速编码，连贯地展开线性的表述。也就是说，这种于现场即兴完成的准备，不仅应该包括制订和落实整体的语篇、段落计划，还应该包括制订和落实具体的句子和句子成分的计划。

句子计划的核心是命题。因为，命题是“意义单位”，也就是说，制订句子计划的目的正是为了完成对命题的表述。

有时一个句子就是一个命题，叫作单命题句，如：“姑娘上了桥。”有时一个句子可以包括几个命题，叫作多命题句，如：“美丽而善良的姑娘一步跨上了那座饱经风霜的桥，她要画画。”(这其中包括了：a）姑娘是美丽而善良的。b）是一步跨上桥去的。c）桥是饱经风霜的。d）她要画画。)

在明确了命题的内容之后，接下来还要考虑怎样才能将命题的意义表述得更清楚，那么就要选择表达言语行为的最佳方式，以体现出说者的主观态度、命题的数量和层次以及等级方面的差异。对命题进行编码，其意义在于使说者能更准确地表述句子的意义，使听者能更好地理解并加深记忆。

命题是由句子表述的，句子是由句法成分构成的。因此，要将简缩的“语点”扩展为完整、丰满的句子，就离不开对句法成分所进行的编码。

汉语的主要句子成分是：主、谓、宾、补、定、状。能否准确而规范地对这些句子成分进行选择和排列组合，牵涉到对逻辑知识和语言知识掌握的程度，所以，要能够熟练地对句法成分进行编码，说到底，还要靠扎扎实实地打好以上两方面的知识基础。下面，仅就即兴口语表达中的一些常见问题，谈几点注意事项：

①句子成分不能残缺

如：

夕阳映红了姑娘的脸，在那座古老的小桥上，向着夕阳伸出了青春的双臂。

此句因缺少一个名词性主语而让人难以理解是谁伸出了双臂。

②句子不能啰嗦

是指句子中多出了某些没有必要的赘余的成分。

如：

A. 在夕阳的余晖中，姑娘静静地走上了小桥，姑娘在桥头久久地伫立着。她看见，河对岸站着一个老人，他是一个白发苍苍的老人。他银白色的头发被夕阳的余晖镀上了一层金黄色。

此句子中因多次出现主语赘余而显得啰嗦。

B. 有一个十五岁左右的姑娘静静地站在桥头，她长得是非常清秀，弯弯的眉毛，大大的眼睛，红红的小嘴。

“长得”可以作谓语，其后的“是”为赘余部分，应删除。

C. 姑娘在小桥上等了整整一天24小时了。

“一天”与“24小时”意思相同，此句为宾语赘余，应删除“24小时”。

③词语组合必须得当

请看例句：

A. 每当姑娘一出现，古老的小桥便显得神清气爽。

“神清气爽”通常是用来形容人的精神状态的，用来说小桥则不很恰当。此句为主语和谓语组合不当。

(以上例句均引自学生课堂练习)

句子成分残缺，啰嗦，词语组合不当，是即兴口语表达中极容易出现的问题。如果表达中出现类似问题，则会影响到语意的准确表述，因此，对以上问题应引起足够的重视。

练习示例

围绕“夕阳”“老人”“姑娘”“小桥”“照片”“50多年前”“牵挂”“热泪”这一串“语点”，经过快速扩展、编码，在限定的时间内，完成一段语意完整的话。要求：情节安排合情合理，句子成分完备，词语组合得当。

学生课堂练习实录

夕阳下，老人和姑娘伫立在小桥上。

“孩子，爷爷老了，也许等不到你二爷爷回家的那天了。”老人从怀里掏出了一张发黄的照片，端详了一会儿又接着说："照片上的这两个年轻人，一个是我，一个就是你的二爷爷，我唯一的弟弟。五十多年前，他被迫去了台湾，临别时，我们在这座小桥上留下了这张合影，从此他就一点音信也没有了。孩子，如果有一天你能见到你的二爷爷，一定要告诉他，我这个当大哥的天天都在盼着小弟弟回来，啊！……姑娘使劲点了点头，她看见，五十多年的牵挂已化成两行热泪，从爷爷的脸上滚落了下来。

点评

经过快速扩展、编码，以上练习将一个个"语点"有机地连在一起，表述清楚，情节合理。

第八章 对话性即兴口语

对话性即兴口语，就是谈话双方面对面的即兴交谈。在节目中，“对话”，是指主持人与一位采访对象或嘉宾之间、与若干人之间，“为交流信息、探讨问题而进行的口语交际活动。”

对话性即兴口语虽然采用的是人际传播的方式，但最终要达到大众传播的目的，因此，“要以广大听众、观众为指归”，“不可忘记广大听众、观众的需求”，不可陷入日常闲聊的状态。

第一节 对话性即兴口语的特征

一、双向交流，互相促动

与即兴独白性口语不同，对话性口语是通过谈话双方面对面的直接交流，在一种有来有往、有问有答、互相支持、互相启发、互相推动的状态下，共同完成的。

双向互动的特征，使对话性口语具备这样一些优势：其一，面对面的交谈，使信息交流更准确、更真实，效率更高，速度更快；其二，有利于调动受众对节目的积极参与意识，使主持人与受众的关系更为紧密，彼此之间思想感情的沟通也更为及时、便利；其三，“问中有疏，答中有导”，互相补充，“彼此意会”，使所谈话题的内容由浅入深，丰富多彩；其四，一场充满灵性的交谈，可以避免独白性口语的单调，使场上气氛更活跃，情绪更热烈。

二、目的明确，针对性强

对话性口语虽然是即兴而谈，比较灵活、自然、随意，但不管是两个人还是若干人以何种形式对话，只要进入大众传媒，它要面对的就是所有收听或收看广播、电视的广大受众。这种公开性和广泛性，决定了从谈话对象的选择到话题及环境的设定，都必须具有针对性和目的性。也就是说，必须围绕一定的宣传目的和任务，既考虑到广大受众的需求，又考虑到谈话对象的身份、职业、兴趣爱好、性格特点、知识水平、理解能力等诸方面因素，有的放矢，条理分明地展开话题。

三、权威性和代表性

广播电视对话性即兴口语节目，“是以面对面人际传播的方式，通过广播电视媒介进行的大众传播活动。为达到大众传播的目的，应尽可能选择那些在某一领域、某一行业、某一方面，资历较深，经验较丰富，能够回答广大受众普遍关心的问题的人士作为谈话对象。这些人士的参与，无疑会使对话，尤其是人物访谈和专题讨论类节目，更具有代表性和权威性的特征。

四、灵活多变，充满机趣

对话是双向互动的，无论事先准备得多么充分，也不可能完全预料到对方谈话的思路，因此，不可能照本宣科。在即兴交谈、现想现说的过程中，积极地交流与反馈，快速地思考与反应，会不时碰撞出灵感的火花，会不断出现新的兴奋点，这不仅会使所谈论的内容充满机趣，还会使对话更具有真实感、现场感，使节奏明快热烈，气氛活跃生动，形式变化多样。

第二节

对话性即兴口语的案头准备

主持人既是对话的创意者，策划者，组织者，也是最后的完成者。因此，对话性即兴口语节目的案头准备，应包括对节目主题、内容及表现形式的拟定；对被采访者的选择和了解；对话题及提问顺序、角度、方式的设定；对现场环境及现场观众的设计安排等。案头准备越充分，即兴表达才可能越顺畅，在临场发挥的过程中，甚至会得到意外的收获。

一、了解谈话对象

谈话，是在双向互动的交流过程中完成的，也就是说，它要靠主持人和具体的谈话对象的共同参与才得以进行。我们在这里所说的对象，应包括采访对象和现场的嘉宾。

(一)"知己知彼",指挥若定

熟悉对象,了解对象,主持人才能有的放矢,与对象产生默契的交流;反之,无的放矢,就可能会挂一漏万,出现差错。

倪萍曾举过这样一个例子:1993年,"综艺大观"曾为几对金婚的老朋友举办过一期节目,其中一位是我国第一代气象专家。老人从倪萍手中接过话筒后说:"我首先感谢今天我能来到你们中央气象台。"一句话,把观众逗得哄堂大笑。倪萍只好伸长脖子对着话筒说:"阿姨,这里是中央电视台。"老人说:"是啊,我感谢你们中央气象台。"这下,全场的笑声更控制不住了。倪萍只好再一次伸长脖子说:"今天阿姨金婚,在这幸福的日子里她太激动了,对气象台太有感情了。"尽管倪萍机智地做了解释,但因为老人紧紧地抓住话筒不放,原定讲三十秒钟的话,她讲了将近五分钟,打乱了节目的程序,出现控场失效。

事后倪萍总结说:"如果在直播之前,我能和这位阿姨多交流交流,我了解了她的个性和情绪,我掌握了她说话的方式,那天怎么也不会出现这类尴尬的事情。"①

倪萍的总结值得借鉴。主持人在直播现场,就如同战地的指挥员,只有"知己知彼",才能指挥若定,"百战不殆"。因此,有经验的主持人都很重视事先对对象的了解,了解和交流得越多,现场指挥时心中越有数,谈话越投机,气氛越和谐,越有益于主持人对现场的整体控制。

---

① 倪萍:《日子》132—133页,作家出版社,1997年6月第2版。

（二）增进感情交流，深入人物的内心世界

俗话说：酒逢知己千杯少，话不投机半句多。谈话投机，其前提是彼此之间的了解和信任，若是彼此都能把对方认作“知音”或“知己”，才可能敞开心胸，谈得无拘无束；反之，彼此知之甚少，感情隔膜，谈话必不投机。因此，在案头准备的过程中，尽可能对谈话对象多做一些深入研究，这有助于增进彼此的感情交流。

在《杨澜工作室》采访的人物中，让杨澜“最受感动的是一位‘普通人’”。他叫戴建国，上海知青。当年在北大荒插队的时候，一位农民的女儿爱上了他。在被娘家强行嫁给邻村农民的路上，她精神失常了。而当时的戴建国，面对知青返城的大潮，毅然说：“我不回上海了，我要她。”现在，年近五十的戴建国，用每月八百元的工资支撑着一个五口之家。他说他一生没有什么成就，为生活的重负天天奔忙。但随着对戴建国了解的深入，杨澜却深深被这位“普通人”打动了。因此，杨澜在《一个普通人的故事——访戴建国》这期节目中，情不自禁地说了这么一段话：

> 作为一个男人，戴建国失去很多，他的命运甚至让我们心酸。然而，一个发疯的女人，在他的爱护下恢复了正常的生活；一个摇摇欲坠的大家庭，因为有了他而得以坚持下去。戴建国让我们看到了人间的温情和希望。——这就是一个普通人的故事。在我看来，也是一个英雄的故事。[①]

这发自肺腑的话语，源于对采访对象深切的理解，源于

---

① 杨澜：《我问故我在》467页，学林出版社，1999年1月。

谈话双方思想感情的交流与沟通，正因为如此，他们才有了“不少共同语言”，谈话才会“如水般流畅”。

泛泛而谈，不可能打动人、感染人。只有心灵的对话，才可能对生命的意义作深层次的探讨，才可能给人以启示。这需要谈话双方的深入理解与信任做基础，离开了这个基础，就很难深入到人的内心世界，就很难把握对象的个性，也很难触及到那些真正有价值的话题。

（三）谈出特色，谈出新意

在《杨澜工作室》采访史铁生的节目播出之后，我们又对杨澜进行了采访。她说：“过去人们对他（史铁生）的描述大多停留在身残志坚上，其实我觉得他对中国文化的意义远远超出残疾青年的范畴。我觉得他给中国文坛这样一个充满了斗争意识，充满了敌对情绪的领域，带来了一种很温柔的很人情味的甚至有点宗教感的东西。我觉得这种东西才是他对当今文坛做出的最大贡献。”

这是杨澜对史铁生的独特感受与理解，当这感受与理解贯穿在她对史铁生的访谈过程中时，谈话体现出的就不仅是被访者，还体现出访者的性格和人文追求。也就是说，访者对于被访者了解得越深入，才越有可能获得独特的感受与理解，他们的对话才可能出特色，出新意。

二、拟定话题

广播电视对话性即兴口语与日常生活口语的最大区别在于，它不是兴之所至的发散型随意漫谈，而是在具体目的制约下即兴完成的、具有条理性和集中性的语言创作。拟定话题，是案头准备工作中的一项重要内容，因为，拟定话题的过程，对于对话的策划者、组织者和最后完成者的主持人来说，既是深化认识节目内容和主题的过程，也是具体体现对话的条理性和集中性的设计构思过程。

（一）选择话题的基本原则

要在有限的节目时间里，通过对话，尽可能丰富地满足广大受众多方面的需求，那么，就必须精心选择每一个话题。

1. 要有信息含量

真正好的话题，应能够尽可能多地提供有价值的信息。要具有精确性，时代性，科学性，指导性，前瞻性，启示性。忌谈空话，套话，假话，废话。

2. 要切入现实生活

真正好的话题，应能够大胆触及社会的热点、敏感点，及时回答群众关心的难点、疑点问题。不隔靴搔痒或回避矛盾，不拾人牙慧，不炒剩饭。

3. 要具有一定的社会意义

真正好的话题，不应一味表现小情小调和小圈子内的闲言碎语。要善于从那些能够反映甚至能够影响当今社会变化的人物身上，挖掘出那些对历史、现实、生命、宇宙的透彻理解和深层次的哲学思考，为社会生活增添一些理性色彩，为社会进步做一些有意义的探讨。

4. 要具有丰富的感受层面

真正好的话题，要给人以思想的启发，知识的补充，信息的共享，情操的陶冶，艺术的感染。总之，要具有健康的情绪、情感，要能够在即兴对话中碰撞出智慧的火花，为人提供多方面、多层次的感受。

5. 要有个性风采

一个栏目是否有影响力，一场对话是否有吸引力，重要因素之一是看主持人是否有个性的魅力。主持人的个性，是通过独特的思想见解，独特的思维方法，独特的外型设计，特别是独特的语言表达方式（对话中的独特的提问方式）体现出来的。要敢于选择那些既能够展现主持人的个性风采，又能够揭示谈话对象真实个性的话题，使谈话更具个性。

（二）拟定话题的几个要点

1. 找准切入点

找准切入点，对于增强信息的密集度，稳定谈话双方的情绪，营造一种宽松和谐的气氛，都十分关键。

1996年3月25日，《焦点访谈》节目组在采访联合国秘书长加利之前，走向街头，征集普通百姓对这位秘书长的提问。两天后，水均益就是以一个小学生的提问为切入点，开始了对加利的采访：

秘书长先生，请允许我告诉您，今天在这里采访您的除了我本人以外，还有许许多多关心联合国、关心您个人的中国人，因为我也带来了一些我们的观众的问题。现在我想先从一位北京的小学生给您的问题开始我们今天的采访。这个小女孩请我问问您，联合国有多大？您的官有多大？

加利乐了，他首先表示，在回答这个问题之前，要向这个小姑娘说一句话。这时，他突然用中文说：“我们都是老朋友。”听了他的话，在场的人全笑了。笑声过后，加利接着说：

联合国就像是一个大家庭。就像这位小姑娘的家有父亲母亲、兄弟姐妹一样，联合国这个大家庭一共有一百八十五个成员。联合国秘书长的权力并不是很大，他不过是这个大家庭的仆人。他就像一个大管家，负责保护这个家，每天早晨开门、打扫卫生……而且他要努力让这个家的每一个成员彼此和睦相处如同亲兄弟一般。因为这个家里经常会出现一些争论，秘书长的作用就好像是个调解人，他的角色是解决争论，平息争吵……

加利慢慢地叙说着，就像一个祖父在向自己的孙女讲述一个童话故事。他那样耐心，那样地循循善诱，那样地投入。用水均益的话说，“加利真正进入了一个我们为他设定的角色。”①

由于事先做了充分准备，这次采访选择到一个非常精采的切入点。其一在于它别具匠心、新颖独特，不一般化；其二在于它充满人情味、充满感情色彩，一下子拉近了与被访者之间的心理和情感距离；其三在于它具体、贴切、集中，为采访对象展开话题提供了一个恰当、生动而又自然的角度。可见，找到一个好的切入点，就是为谈话的成功打下了一个好的基础，它不仅可以帮助采访者，还可以帮助被访者迅速准确地进入角色，进入话题，进入节目所规定的语境。

2. 精选角度

人们看问题的角度不同，实际上反映的是人们对事物的认识和把握的程度不同。所以，精选角度的过程，说到底还是对客观事实认识和深化的过程。

（1）要有高度

---

① 水均益：《前沿故事》183—184 页，南海出版公司，1998 年 10 月。

一叶障目，是因为目光短浅。“欲穷千里目”，就得“更上一层楼”，也就是说，只有站在一定的高度看问题，才能对事物的发展变化有前瞻性、全局性的把握。

1998年4月24日，中央电视台《新闻调查》栏目播出的《大官村里选村官》，真实地记录了大官村农民有史以来第一次民主选举村长的过程。节目播出后，在社会上引起了相当大的反响。该片成功的主要原因在于，立意高，角度新。它从一个边远小山村的变化，透视出了中国民主改革的可喜进程，使人以小见大；又从高处着眼，反观一个小山村“正在发生的历史”，使人认识到其中的重大政治意义。

统揽全局，视野开阔，才能敏感地捕捉到那些有价值的新闻事实，并能从看似普通的事实中，挖掘出不同寻常的政治含量。

（2）要有广泛的关切度

《焦点访谈》是中央电视台一档收视率颇高的节目，它之所以备受广大受众的关注，重要原因在于其话题选择的独特视角。“政府重视，群众关心，普遍存在”，是《焦点访谈》编播人员的工作守则，有人说：“正是这个鲜明和准确的定位，使得他们的节目如重磅炸弹，连连击中社会时弊。”① 也正是这个鲜明和准确的定位，使得他们的节目正在努力发挥着“舆论监督，群众喉舌，政府镜鉴，改革尖兵”② 的作用。站在改革的最前沿，准确及时地传达政府的

---

① 甄芳洁：《焦点访谈：何以成为牵动中国高层与百姓的焦点》刊于《中华英才》1999年第2期。

② 朱镕基对《焦点访谈》的赠言。

声音，勇敢无畏地为群众代言，使《焦点访谈》节目既受到党和政府的热情关怀与支持，又在群众中产生了广泛的影响。

社会的稳定与发展同广大人民的利益息息相关，因此，“是否有利于社会的稳定与发展，是《焦点访谈》人决定每个选题‘做’与‘不做’的最终标准。”① 总结他们的经验，是否可以得出这样一条结论：只有选择那些真正同广大人民的利益息息相关的话题，才会具有广泛的关切度；具有广泛的关切度，我们所谈论的话题才能在群众中引起广泛的反响。

(3) 要有深度

我们所谈论的话题，如果仅仅着眼于对个人命运及情感的描述，仅仅着眼于对某一新闻事件来龙去脉过程的说明，就很难深入到谈话对象的内心世界，也很难透过事物的表面现象去探寻其规律和本质。就事论事，不痛不痒，这样的话题，既不可能激发人们情感的共鸣，也不可能引发人们深刻的理性思考。

1998 年 10 月 16 日，中央电视台《新闻调查》栏目播出的《透视运城渗灌工程》，从发现一组“让人疑惑的数字”开始，通过艰难的实地考察，深入基层多方面的调查采访，终于揭露出运城渗灌工程弄虚作假的大量事实。观众普遍反应，这个节目扣人心弦，非常吸引人，原因不仅在于一波三折的调查过程，还在于它给人留下了深层次的思考空间。

---

① 甄芳洁：《焦点访谈：何以成为牵动中国高层与百姓的焦点》刊于《中华英才》1999 年第 2 期。

1995 年 7 月，运城地委和行署共同提出，在 1995 年年内，也就是在只有半年的时间里，投资 2.8 个亿，完成 100 万亩的渗灌面积，并迅速采取了行动。[①] 显而易见，记者在调查采访的过程中，其重点不仅仅在于“揭露”现象，而在于“透视”本质，即通过揭露劳民伤财、玩弄形式主义“花架子”的现象，透视出深层次的社会根源、思想根源，最终一步步“追问”出“官出数字，数字出官”这一症结的关键。

看来，仅仅抓住新闻事件和新闻人物的表象、皮毛，还不能使话题具有社会含量和理性思考的价值。要有深度，就必须完成由现象到本质，由事入理的认识和“追问”过程。

3．“话”似看山不喜平

人们说“文似看山不喜平”，广播电视对话性即兴口语既然是一门艺术，也要有起伏变化，条理分明，具体集中，风趣生动，有悬念，有冲击力。

(1) 条理分明

对话，不能临时瞎凑和，“跟着感觉走”，山南海北扯闲篇。拟定话题的过程，实际上是对话的组织者——记者或主持人进行条理化的准备过程。要通过提问，使谈话形成段落感和层次感，不平铺直叙、含糊不清。

(2) 具体集中

话题忌“空”，让人听得不着边际，无从答起；忌“泛”，什么都想谈，什么又都谈不深入，蜻蜓点水。话题的

① 中央电视台新闻评论部编《正在发生的历史》300 页，光明日报出版社，1999 年 4 月。

拟定要具体集中，使对话在有限的时间里，尽快进入中心议题，重点突出，增加话语的含金量。

(3) 不落俗套

不落俗套，出人意料的话题，会使对话充满机趣，活泼生动。意大利著名女记者法拉奇对邓小平的采访是这样开始的：

法拉奇：明天是您的生日！

邓小平：我的生日，我的生日是明天吗？

法拉奇：不错，邓小平先生，我从您传记中知道的。

邓小平：既然你这样说，就算是罢！我从来不记得什么时候是我的生日。就算明天是我的生日，你也不应祝贺我啊！我已76岁了，76岁是衰退的年龄啦！

法拉奇：邓小平先生，我父亲也是76岁了，如果我对他说那是一个衰退的年龄，他会给我一记耳光呢！

邓小平：(笑) 他做得对。你也不会这样对你父亲说话的，对吗？

再请看《焦点访谈》记者水均益对卡斯特罗采访的结尾：

水均益：主席先生，我们今天愉快地和您一起回忆了我们两国的友谊。几十年前，在中国有一首脍炙人口的歌曲，是歌唱中古友谊的。我们今天在座的不少人还会唱这首歌。我们现在就一起唱唱这首歌，希望您也能跟我们一起唱。

法拉奇通过一个充满机趣的话题，使据说原本并不愿意接受采访的邓小平在笑声中愉快地接受了采访；水均益通过一个充满机趣的设计，使一位世界著名的政治家，像孩子一样唱着歌结束了对话。两位采访者在搜集背景资料时，注意捕捉那些非常有趣的生活细节，并恰到好处地运用到谈话当中，一个不落俗套的开头，一个出人意料的结尾，无疑都为采访增添了生动活泼的色彩。

（4）要有冲击力

直截了当，一针见血的提问，不仅常常会使对话的内容尖锐化并具有一种内在冲突的张力，还会激发对话双方的心理兴奋，通过富有挑战性和刺激性的问答过程，使对话的节奏紧张而热烈。

1998 年 6 月 25 日至 7 月 3 日，美国总统克林顿和夫人希拉里应江泽民主席的邀请，对我国进行了为期 9 天的国事访问，访问期间，克林顿到北京大学进行了一次演讲。据美国传媒透露，白宫这样安排，是因为江泽民访问美国时曾到过哈佛大学演讲。美国要求总统到北大，除了知道北大在中国的地位有如哈佛在美国之外，还认为北大是中国最“开明”的大学，学生们比较“倾向、认同”西方的价值观念。克林顿有意向中国年轻一代的精英作出某些呼唤，以推动“新一代思潮”。美国传媒早已放出消息，说总统要在北大作“重要演说”，并要求中国当局“现场直播”。①

6 月 29 日上午，克林顿极其自信地结束了在北大的演说之后，令“海内外人士大感意外的情景出现了”：北京大学的学生们以锐利、直接的话锋连番“质问”克林顿，有理、有力、有节地向这位“不可一世”的总统发出了“挑

① 《克林顿总统中国万里行随记》刊于《华夏英才》全国卷（七）。

战”。请看学生们的部分精采提问：

总统先生，作为一个中国人，我对祖国的统一非常关心。1972年以来，在台湾问题上取得了进展。但是我们看到美国人一再向台湾出售先进武器。我们感到愤怒的是，我们看到美国和日本延续了美－日安全条约。据某些日本官员说，这项条约甚至涵盖中国台湾省。因此我要问，如果中国在夏威夷派驻海军设施，如果中国与其他国家签署安全条约对付美国的一个部分，美国是否会同意这种行为？美国人民是否会同意这种行为？

据我所知，在您离开美国之前，您说您访华的原因，是因为中国太重要了，接触胜过遏制。我想问您这句话是不是您为这次访华所作出的一种承诺，是不是在您的微笑之后还隐藏了其他什么阴谋。您是不是有什么遏制中国的其他企图？

总统先生，关于民主、自由和人权的问题，这实际上是中国人民和美国人民都非常关心的问题。但是，老实说，在这方面我们两个国家有不少的分歧。您刚才在演讲中对美国建设民主、自由的历史进行了一个比较自豪的回顾，而且对中国也发表了一些建设性的意见。我们当然非常欢迎。但是我同时也想起了一句老话，我想中国人民和世界人民都应当把它当作行动的准则，那就是批评与自我批评同在。因此，我想问您一个问题。近些年，美国在人权与民主等方面是不是也存在着一些问题呢？您能不能给我们讲一下，您的国家在这方面有哪些不足？您的政府在近期内有哪些政策？有什么效果？

……刚才您曾提到过胡适说，不要为了国家的自由而牺牲了自己的自由。但是我们的前任校长蔡元培先生还说过这样一句话，他说：道并行而不相悖，万物并育而不相害。我并不认为，国家的自由和自己的自由有什么冲突，不是说为了国家的自由就一定要牺牲自己的自由。我认为自由是自己的一种主动的选择，认为是最好的最适合自己的情况。像中国现在的繁荣发展正是我国人民自由的选择，主动贡献他们的力量的结果。我想自由的定义应该是，为了自由和正义选择那些最适合自己情况的道路，不知道您是否同意我的观点。另外我想最后说一句，只有真正懂得自由的人才会更加尊重别人的自由。

通过电视“现场直播”，人们可以清楚地看出，克林顿当时的神情是相当惊讶的。新闻界评论说：“他显然没有料想到学生们提出的问题会如此直接和尖锐，这位年轻的总统似乎感到了压力。”他不得不在演讲会结束时说了这样一番话：

你们提出了很好的问题，有批评的因素，使我真正了解人们如何看待我所说的话，这对我很有帮助，使我可以思考我还能做些什么来成为一个更有工作成效的总统……

北大学生这一连串富有冲击力的提问，不仅使演讲会高潮迭起，让所有观看“现场直播”的观众大饱眼福，更为重要的是，通过提问，他们还向全世界人民展现了一代有理想、有抱负、有志气的中国青年的精神风貌。科索沃燃烧起浓浓的炮火硝烟之后，重新回顾发生在北大的那场紧张而激烈的演讲，我们尤其体会到学生们那一连串提问的宝贵价值。

具有冲击力的话题的产生，源于对事物入木三分、敏锐而准确的洞察力和捍卫真理、捍卫正义的自信力。敢于或者能够提出具有冲击力的话题，可以使对话的内容更尖锐和深刻，可以使对话的节奏更紧张激烈而富有变化。

离开了充分的案头准备，话筒前、镜头前的对话就会成为一种盲目的行为，就很难保证谈话的质量。因此，要认真研究背景材料，了解对象，要精心选择谈话的角度，精心拟定话题。除此而外，对于一些重要的采访，在有条件的情况下，最好能多制订几套方案或进行模拟采访练习，以备临时发生种种难以预料的变化。

第三节

主持人在对话中的心态把握

主持人在对话中起着核心作用，是对话的实际组织者。因此，他（她）的形象是否具有亲和力，他（她）的性格和气质是否具有吸引力，会直接影响被采访者或嘉宾、受众的情绪情感，会直接影响谈话的气氛甚至节目的质量。主持人的亲和力和吸引力源于内在的修养，在双向互动的对话交流过程中，主持人内在修养的水平，会毫无保留地集中体现在其待人接物时的心态把握及分寸感的把握上。

一、互相尊重，平等相待

在“大人物”面前，不唯唯喏喏，无“小人物”的自卑感；在普通人面前，不趾高气扬，无名人、明星的优越感。

国家元首也好，山野村民也好，只要来到话筒前，镜头前，就都是我们请来的客人，谁也不比谁高，谁也不比谁低，我们都是平等的人。

意大利女记者法拉奇曾采访过世界上许多著名的政治家，她成功的经验之一，就是能以平等的心态，用普通人的情感去打动对方。北京大学的学生在世界头号强国的总统面前，不卑不亢，连连发出“质问”，源于他们成熟的理性思考和强烈的民族自豪感与自信心。

让我们看看一位普通观众给敬一丹的信：“看了你去贫困地区山民家中采访的情形，心里很不是滋味，我很震惊。看到屏幕上那贫瘠的土地，简陋的房屋，那‘花脸’的娃娃，看着那白发苍苍的婆婆碗里的稀野菜粥，那憔悴、悲伤、愤愤诉说的妇女和那消瘦、沉默、眼里藏着茫然凄楚的男人，看着临别时握着那妇女的手、扭头流泪的你，我的泪也止不住涌了出来……”敬一丹的泪水和贫困山民的泪水流在了一起，也和广大观众的泪水流在了一起。将心比心，她动了真感情，她所主持的节目，也在观众的心中建立了牢固的感情基础。

有记者问凤凰卫视的主持人吴小莉：“你曾经采访过很多人，从平民百姓到国家总理。面对这些不同身份的采访对象，你是如何把握的?”吴小莉回答：“我把他们都当作一个很值得去了解的人！因为我相信人都是很特殊的，无论你是国家领导人，还是平民百姓，每一个人都有你自己非常值得去挖掘的一面。我对人很好奇，不只是对于达官显贵，更对于一般的平民百姓，我都很好奇！因此，我觉得我是用一个平等的态度，去对待我所有的采访对象。而且我是很热忱地听他们说话，聆听他们的心声，从他们的话里提出我所好奇的问题。我认为这样的‘互动’，无论对高层领导，还是对平民百姓，都会相对得到互相尊重。我觉得‘采访’是一件很美的事情。为什么呢？因为它会有一个个‘火花’！它会在不同的人中间‘击’出不同的火花。”①

吴小莉所谈的采访体会，再一次印证了在对话性即兴口语节目中，主持人能否保持一种平等心态的重要性。你自尊、自信，才能赢得别人的尊重；你真诚平易，才能在与人交流中产生心灵的沟通与共鸣。

二、要实事求是，忌哗众取宠

在对话性即兴口语表达的过程中，主持人能否通过自己的言谈举止，营造出一种宽松和谐的气氛，要看主持人是以自我表现的心态，故弄玄虚，装腔作势，哗众取宠，还是实心实意，实事求是地要解决点实际问题。

中央电视台《半边天》栏目的主持人张越，在总结自己从一开始咄咄逼人的所谓“鹰派”主持风格，到后来转换为注重体察人情事态、关怀人的生存状态这一过程时说：“我发现最好的创作状态不是我能抖机灵。我跟嘉宾针锋相对起

① 吴小莉：《有中国人的地方，就有我——香港凤凰卫视主持人吴小莉快速访谈》刊于《中国文艺家》1998年第5期。

来，不是最美的状态。嘉宾是千姿百态的人，每个人都有自己的人格魅力和人性光辉，如果你有本事，你就要把他的这种光辉和魅力给带出来，他平时是藏着的，你就要在很短的时间内很集中地给他引出来和带出来，让人们看到一个有个性的人，这才是我最好的状态，而不是我们跟他去一句赶一句，去捣乱的过程。"①

张越用朴素的语言，道出了自己从实践中获得的真切体会。有位从事理论研究的专家也说过，评价一个记者采访的成败，不在于他自己说得好不好，而在于通过他的提问能不能让对方说得好。他们二人的话具有相通之处，都很有道理。有的人以能说会道著称，一张嘴就滔滔不绝，只顾自己表现，自己"抖机灵"，不给别人说话的机会；有的人只顾表现自己的个性，锋芒毕露，咄咄逼人，只管自己痛快，不管别人痛快不痛快；有的人不注意观察对象，不善于倾听，对人家的话只听了个一知半解，便急着表态，"抢"话头，争风头。以上种种表现，都是对话性即兴口语表达的大忌。

要想"让对方说得好"，关键还在于主持人不能有哗众取宠之意，无实事求是之心。

三、设身处地替对象着想

一个善解人意的人，才能有人缘，而一个主持人的人缘好坏，会直接影响到他（她）与谈话对象关系的融洽程度，影响到谈话的质量。所谓善解人意，关键是看你能不能设身处地地替对象着想。

① 《真话实说》166页。

有位朋友曾经给我讲过一个她亲身经历的故事：上幼儿园的时候，在一次欢迎外宾的活动中，她见到了周恩来总理。她对总理说："周总理，您好！"总理高兴地回答："小朋友，你好！"然后接着问了一句："小朋友，你叫什么名字呀？"小朋友不高兴了，对他说："我知道你叫什么名字，你怎么不知道我叫什么名字呢？"总理很有兴致地对她说："能不能告诉我，你是怎么认识我的呢？"小朋友回答："因为我爸爸妈妈都是您的好朋友啊！我经常听他们说起您！"小朋友非常得意地将她当工人的爸爸和当幼儿园阿姨的妈妈的名字告诉了总理。总理似乎努力地在他的记忆中搜寻着什么，然而还是不易察觉地微微摇了摇头。小朋友感到一阵委屈，眼泪竟在眼圈里打起了转转，周总理一见这情形，赶紧拍拍自己的脑袋，像是突然间想起了什么，说道："我怎么能不记得你的爸爸妈妈呢？"他一下子将小朋友抱在怀里，大声对周围的人说："这个小姑娘的爸爸妈妈是我的老朋友，她是我的好朋友啊！"

几十年过去了，当年的那位小姑娘，只要提起这件往事就会激动不已，她说："长大了我才明白，周总理怎么会认识我的爸爸妈妈呢？他是怕伤害我的自尊心呀！"

周总理是一位精通语言表达艺术、深受人民爱戴的政治家，外交家，演说家。而这个真实的故事给予我们的启示，却不在于其说话的技巧，而在于其做人的艺术。他的善良仁爱，体现在他细致入微地体察别人的心理，设身处地地替别人着想的言谈举止和生活细节之中。

山东电视台的一位记者在采访美籍华人靳羽西时发现，一向非常注意仪态的靳女士，由于连日的奔波显得十分疲惫，不时把后背靠在沙发上。这位记者意识到，靳羽西女士如果以这样的姿态出现在屏幕上，会给人留下傲慢的感觉，必须及时而巧妙地提醒她一下。于是他这样开始了采访："靳女士，您作为一名靠个人努力成功的社会活动家，整天在世界各地飞来飞去，从事您喜爱的事业，您难道不觉得疲劳吗？"说这些话时，记者故意放低了声音，放慢了语速，还主动欠了欠身，以一种关切的微笑望着采访对象。聪颖过人的靳羽西对于这不动声色的提醒立刻心领神会，她赶紧调整自己，挺胸抬头，神情饱满，无论从有声语言上还是体态上都进入了真诚平等的交流状态。看过节目后观众反映说，她不像是一个名人在谈大道理，而像是一个曾经沧桑又温柔平易的人在与挚友倾心交谈。[①]

在采访过程中，那位记者自己虽然没有语惊四座、妙语连珠的精采表现，但他却用细腻的关切之情，帮助采访对象渐入佳境，淋漓尽致地抒发了自己的见解，给观众留下了很好的印象。

是设身处地地替对象着想，想方设法地为对方提供方便，甘当陪衬，及时补台；还是故意出难题，设障碍，冷嘲热讽，冷眼旁观，这显然不是一个简单的技术、技巧问题，而是人格和职业道德水准的反映。把握前一种心态，不仅会使对话成为一个愉快的过程，还会使自己的朋友越来越多，路也越走越宽；把握后一种心态，不仅会使对话质量受到影响，而且自己别扭，别人也别扭，跟谁合作都是一锤子买

① 赵建国：《双重说服：情理交融——从说服学角度谈点电视情感交流节目的对话艺术》刊于《现代传播》1998 年第 4 期。

卖，路会越走越窄。

第四节

聆听的艺术

一、聆听练习的意义

对话，是边听，边想，边问，边答交替进行的语言交流过程，一个不善于聆听的人，不管怎样能说会道，也未必能成为一个受人欢迎的谈话对象。因为，对话不是单向、封闭的活动，它需要有来有往，双向互动，所以，会听才能会说，听是说的前提和基础，听和说在对话中起着同样重要的作用。

聆听是一门艺术，它有其自身的规律、特点和练习难度。

首先，与“阅读”相比，“聆听”的思维含量相对要更大些。因为“听”不具备“看”的直观性和具体性，所以在“听”的过程中，思维起码要完成两个任务：一是运用形象思维，让无形的语言信息在脑子里活起来并将其丰富为有形而可感的东西；二是运用逻辑思维，对于那些零散、抽象的信息点，要进行条理化、具体化的分析处理。

另外，“聆听”的速度并不能由听者自己掌握，语音稍纵即逝，没有条件像“阅读”那样反复琢磨，更不可能停下来颠来倒去地听，因此，与“阅读”相比，“聆听”的思维速度相对要更快些。[①]

还有一点，就是“聆听”的思维过程要比无声的“阅读”更复杂，“听”与“看”必须密切合作，互相支持，互相补充。要“听其言”还要“观其行”，要善于察言还必须要善于观色。

思维含量大，速度快，过程复杂，“聆听”的难度在于此，特点也在于此。抓住特点，坚持练习，对于改善和提高思维品质将会大有益处。

二、聆听的技巧和需要注意的问题

聆听需要耐心。

随便插话，随便打断对方或表现出不耐烦的样子，会分散对方的注意力，影响对方的情绪。能够耐心地倾听，是一种良好的品质和教养，它会用安详和宁静的神情去战胜浮躁的心境。

聆听需要热心。

目光呆滞，表情麻木，会影响谈话的气氛，减弱说者向人倾吐的热情。能够热心地倾听，是一种强烈的责任感和旺盛的生命力的体现，那热切和真诚的目光足以消除人与人之间心灵的隔阂。

聆听需要专心。

边听，边看，边想，边记，一心二用不可能同时完成这么多环节。要聚精会神，不仅要听清说者的思路，抓住其重

① 宁鸿彬、郭外：《听和说的技巧》3 页，北京理工大学出版社，1988 年 12 月。

点，还要善于察言观色，能听出弦外之音，言外之意。

聆听还要虚心。

知之为知之，不知为不知，要以真诚的态度，虚心求教，认真探讨问题，提高说者的兴趣。而不能抱着挑剔的态度，装腔作势或居高临下，表现得不屑一听，干扰说者的思绪。

第五节

对话性即兴口语的现场把握

在对话性即兴口语表达的过程中，主持人（记者）的核心和主导作用，体现在能够从头至尾把握话题的发展趋向，把握现场的气氛和节奏上。避免被动，争取主动，才能有效地“把握”，因此，应该注意以下几个方面：

一是，目标要集中，提问要具体。

因为，空泛的提问，会让人感到无从说起，或造成冷场，或使话题零散，东拉西扯，不着边际。因此，有的主持人给自己提出了硬性规定，即，永远不使用类似这样大而空、架子十足又让人不得要领的语言：“那么，请您就这个问题谈一下自己的感受。”

1997年底，中央电视台《焦点访谈》栏目组向上级提交了1998年在克林顿来华访问期间对他进行电视专访的报告，随后，栏目组开始了长达几个月的采访前期准备。

采访克林顿难，难的不仅仅是如何让他接受采访，而是在采访中如何控制住他。中美关系虽然有所好转，但两国在许多问题上仍然存在着严重分歧。作为国家电视台，面对数亿中国观众，要避免让一位美国总统在我们的电视上信口开河，端出美国的标准来指责中国的某些事情，借助我们的镜头来大谈中美分歧和一些敏感问题，而偏离专访的主题。于是，他们请来有关方面的专家学者，通过认真周密的研讨，制订了采访的基本原则。除此之外，为能在采访中争取主动，他们还对克林顿本人的经历及性格等进行了分析，并针对克林顿的个性特点，巧妙地设计提问的角度和方式。他们考虑到："如果提问过于开放，给他提供了空间，就不能避免克林顿借题发挥。而相反，如果提问相对比较封闭，比较直接，文化水平不低的克林顿当然不会'答非所问'，采访也就会在双方都能接受的范围中展开。"①于是他们决定，采访就从中美关系的一些"硬性"问题上入手，直截了当，不给对手借题发挥留有任何余地。

提问集中而具体，为话题的展开限定了范围，主持人（记者）就可以在对话现场争取主动权，就可以在明确目的的制约下，一步步引领着话题朝着事先预想的方向发展，而不是聊到哪儿算哪儿，被动地让对方的思绪或情绪牵着鼻子走。

二是，要具备很强的理解力，能够及时摸清对方的思绪。

采访对象或嘉宾的水平参差不齐，要善于将他们或清晰或混乱，或深奥或直白，或规范或含糊不清、零散无序的话语进行条理化的分析归纳。

面对较强的谈话对象，不要"答问非所答所问"或无的

---

① 《前沿故事》139页。

放矢地问一些无关紧要的问题，而要让对方获得一种心智对等，棋逢对手的感受，你有感而问，他（她）不吐不快。正如一位主持人所说：“一个主持人不可能在每一个领域里都是专家，但是他必须有相应的理解能力和分析能力。”具备这样的能力，你才能迅速有效地融入话题，控制话题，通过与对象真实交流，谈出真知灼见。

面对思维水平和语言表达能力较弱的谈话对象，还要及时帮助他分析归纳，提醒诱导，“补台”“救场”，而不致偏离主题，拖拖拉拉，涣散场上气氛。

三是，主题明确，线索清晰。

对话犹如放风筝，无论飞得多高多远，那根线却始终牢牢地攥在自己手里，主动应变，收放自如。

1998年7月1日，中央电视台《焦点访谈》栏目组在上海证券交易所采访了克林顿。经过一阵“简短、紧凑和充实”的提问，克林顿渐渐“摆脱了刚开始时的倦意，显得神采奕奕”。他说：“中国已经有了一种真正朝向开放和自由的趋势。显然，作为一个美国人，也作为一位美国总统，我希望这种趋势继续和增强，我认为，这种趋势是正确的，道义上是正确的，而且我也认为这对中国是有益的。”听到这里，主持人水均益敏锐地感觉到他似乎话里有话，有点离题，心想，“不能让他占据主动”，于是迅速打断他的话，问道：“除了这些之外，你有没有什么意想不到的事情?”正说在兴头上的克林顿，面对这突如其来的提问，稍稍迟疑了一下，有些不情愿地回答：“我不知道有没有什么惊喜……”随即，他好像又突然意识到了什么，马上改口说：“让我想想，啊，我想，我是有一点吃惊。是的，我有两点。首先，在我来之前，我没有想到我与江主席的联合记者招待会会被现场直播。随后，我在北京大学的讲演，我昨天在上海电台的热线对话都被直播了。我没有预期到能够和中国人民有如此公开和广泛的交流……”①

主持人及时打断了正想按自己的意图尽情发挥的克林顿，并通过一个恰当的追问，引出了克林顿这番后来被西方媒介在报道中多次引用的话，得到了一个令国人较为满意的回答，避免了被动，争取了主动。

牢牢抓住对话的主线，抓住主动权，就要头脑清醒，冷静果敢，随机应变，把握机会。

四是，要见缝插针，善于调整对话的节奏。

无论多么精采的话题，如果一味紧张或一味平铺直叙，都会使人感到疲倦。要密切关注对象的情绪变化，合理利用心理注意的最佳时间，通过语气的变化，重点的强调，话题的转换，角度的调整等手段，使对话层次分明，张驰有序。

第六节

提问方式的选择

对话离不开问与答，作为对话组织者、策划者和最后完成者的主持人，通常是以主动发问的方式来实现自己的意图的。因此说，“问”在节目中起着至关重要的作用，它决定着对话的内容、层面和走向，也影响着对话的节奏、气氛和风格。

---

① 《前沿的故事》144—145 页。

研究“问”，当然要研究问什么和对谁发问，也就是内容和对象，但同时也不能忽略怎么问，也就是方式和方法。能否选择到符合内容和对象需要的最恰当的提问方式和方法，同样也会关系到对话的质量和效果。

问的方式是多种多样的，但受内容、对象以及时间、环境诸因素的制约，选择提问方式时应注意处理好以下几方面的关系：

一、宽泛与集中

主持人通过恰当的提问，一方面要为对方提供一定的自由度，让答者能有话可说，言无不尽；另一方面又要在目的性、针对性、集中性、时间性的制约下，通过突出提问的意向来限定答话的范围，引导对方做到言必有中，一说就说在点子上。

试分析在《势在必行——经济学家吴敬琏谈放活中小企业》这期访谈中，记者贺平的提问：

(1) 吴教授，您把中小企业称为中国经济的半壁江山，在今年的一些经济改革研讨会上，您也一再谈到要放活中小企业，请您给我们谈谈，放活中小企业对发展经济意味着什么？(特指问)

(2) 您在《当代中国经济改革》一书中就说过：

放开国有小企业势在必行。那么我们怎样才能放开？怎样才能放活？(两个特指问)

(3) 您认为抑制企业潜力发挥的原因是什么？(特指问)

(4) 大家认为要成功就要搞现代企业制度，是这样的吗？(是非问)

(5) 如果小企业发展很好，它总会做大的。那么企业做大后，怎样将它整合起来呢？(特指问) 发展成为现代化的集团公司是必然趋势吗？(是非问)

(6) 政府应该怎样处理与小企业的关系呢？(特指问)

(7) 能不能既不行政干预又提供服务，(正反问) 我们的政府应该为中小企业做些什么事呢？(特指问)

(8) 您谈到政府要探索如何为中小企业开辟畅通的融资渠道，对此您有什么具体的想法吗？(特指问)

不难看出，以上提问的次数虽然不多，但正是这些简短的问话在引导或者说是限定着访谈的内容、层面和走向。广播电视对话性即兴口语节目具有权威性和代表性，当你面对的是某一领域、某一行业、某一方面的权威人士或代表人物时，既要把对方“推上‘传者主体’位置”而不喧宾夺主，又要始终处于主导地位，让话题围绕着自己预先设计的轴心转，不偏题、跑题。应该说，在以上的访谈中，记者较好地把握了开与合，收与放的关系，具体分析可以发现，这与恰当选择了提问方式有一定的关系。

“由于特指问句的疑问焦点仅指示答话的一个范围，对答话内容的制约比较弱，因此，答话者享有较大的自由，可以畅所欲言；又由于它指示的仅是一个范围，因此，问话者又可以利用它来突出话题中心，控制节目时间。”① 以上访谈在仅有的十一个提问中，竟连用了几个特指问，既给答者展开话题提供了较为宽泛的空间，又从第一次提问起就点明

---

① 吴为章：《广播电视语言研究之“本体”观——以提问艺术探讨为例》，1999 年 10 月第四次应用语言学学术讨论会论文。

了话题的重心，使话题走向始终不偏离预定的轨道。

巧妙地发挥特指问的优势，处理好宽泛与集中的关系，这一方法值得借鉴。

二、倾向性与亲和力

节目中的对话与生活中的闲谈还有一个突出的不同点就是：提问者往往是在已有了一个倾向性的答案或明确意向的情况下，或为使认识更明朗化，或为集中、深入地开掘话题的焦点，或为赢得时间，或为证实给更多的人听，或为转换话题以控制对话节奏等等而“明知故问”，为此，常常采用一些对答话有更强制约性的提问形式，如：正反问和是非问。

试分析在《市场经济一年间——一条胡同》中，敬一丹的提问：

（1）过去我们感觉到北京的四合院、胡同都特别封闭，可是我们到了你们这条胡同里来以后，有一种开放的色彩。你们开展对外开放工作已经二十来年了，前十几年和最近一、二年恐怕是没法比的吧？(是非问)

（2）在这个过程中，我们胡同里的普通家庭，一方面让外国朋友从他们生活中了解我们中国人的生活，另一方面他们自己也提高了自身的见识和素质吧？(是非问)

（3）小胡同里不光是老北京。北京这个地方，什么地方来的人都能容。我们到北京胡同里的人家一般不容易见到这个（指一尊财神像），所以我们一进你们屋，就猜想，你们大概是从南方来的吧？(是非问)

（4）你们俩老家都是福建的吗？(是非问)

(5) 是为了做生意来的吗？(是非问)

(6) 做什么生意呢？(特指问)

(7) 你们到北京，住进了这条胡同以后，周围全都是北京人，你们和他们能融合到一块儿吗？(是非问)

(8) 合得来吗？(是非问)

(9) 但是北京人做生意，恐怕是不如南方人，他们对你们在这条胡同里做生意看得惯吗？(是非问)

(10) 有没有说你们什么？说这些南方人怎么（正反问＋是非问）那么会算账啊？

(11) 这条胡同过去好像住的全是老北京，这几年生意多了，可能从南方来的外乡人也就多了，在这条胡同里还有你们老乡吗？(是非问)

提问者一连用几个是非问和一个正反问一个特指问完成了以上采访，既了解了情况，又给人一种紧凑感。“由于这两种疑问句（正反问和是非问）是可用或只用肯定/否定回答的封闭式提问形式，就使主持人赢得了时间，既能开展面的采访，又能深入点的开掘。”①

由于正反问和是非问都是“含有明显意向的提问形式”，提问者的倾向性较强，对答话的制约性也较强，如果使用得当，可以有效控制现场，争取主动，调整节奏；如果使用不当，也可能会使人感到生硬，武断，居高临下而缺少亲和力。

为解决这一问题，吴为章教授在分析了大量提问例句之后，提出了以下三点可供借鉴的方法：

---

① 吴为章：《广播电视语言研究之“本体”观——以提问艺术探讨为例》。

1. “是不是 + S (呢)?” 的句式。请看例句:

在这个过程中，农民的市场意识是不是也在不知不觉中得到了很大的增强?

现在在北京乃至全国，像这样的书店，这样的场合是不是太少了?

是不是你们在开展自身业务的同时，还要做大量普及性的工作?

吴为章教授认为：这类问句可以说是由陈述句加上正反问形式“是不是…… (呢)?”转换而来的，它的提问意向就是要对方证实陈述句所表达的内容。“直接用陈述句式难免过于武断，也有点越俎代庖，采用‘是不是…… (呢)?’，就带有征询的意味，语气也因此变得比较缓和，而且饱含对答话者的尊重。”

2. 在正反问句中运用“能不能、可不可以”这类词语来使正反问句的追问语气趋于缓和。

请看例句:

知识分子在办事、办公司的时候，往往都要编个说法，这个说法后面透着一个主张，一个思想，一种观念，一种追求什么的，这种现象能不能说是儒商的一种特色呢?

整体上来说，有那么多知识分子投入到商潮之中，这是不是在一定程度上改变了知识分子的形象? 而这个形象可不可以说是这个社会，这个时代，乃至这个世界的需要呢?

3. 是非问采用“S 吗?”或语气词“吧”或表示不肯定语气的副词“可能、大概、也许、恐怕”等等，使提问的意向减弱，征询的意向增强。

请看例句:

我记得1990年的时候，流动的民工不过是600万，现在恐怕上千万了吧？

在运用正反问和是非问的时候，可尝试以上三种方法，使提问既具有倾向性，“让人明于所问”；又具有亲和力，“让人乐于回答”。

三、衔接与推进

理想的对话过程，是面对面的双方通过有问有答，有序，有趣的“轮番说话”，使所探讨的问题越来越深入，越来越明朗化的过程。要完成这样一个过程，“轮番说话”就不能成为平面化的轮番重复，而必须体现出一种推进感。因此，处于对话主导地位的主持人，要善于通过巧妙的提问，不仅使话轮与话轮之间很好地衔接，环环紧扣，还要能承上启下，使话题向纵深发展。

非疑问句用于提问

请看例句：

问：现在变成了一个市场，我想这不光是一种形式的变化，恐怕这种变化是非常本质的变化。(非疑问句用于提问)

答：对，是本质的变化。

问：看来从积极的意义上理解破产和兼并的问题，也是当务之急了。(非疑问句用于提问)

答：对，我们推出了一本书，叫《中国企业兼并与破产手册》，在序言里，我提出了一个概念，破产法——繁荣法；破产法——发财法；破产法——促进法；破产法——竞争法。它完全是一种积极的法律。

有研究者认为：将非疑问句用于提问，是一种变异的提问。

“这些概括性的话语犹如提问，而嘉宾的认可证实则是回答；上下话轮配合起来，不仅谈话中的重要观点得以鲜明地突出出来，而且，也十分有利于受众的收看。”①

犹如提问，实则是对上一个话轮的概括。这样做，既可以引导受众进一步明确要点，又可以帮助答者及时总结，理顺思路，在回答问题的过程中，完成承上启下的任务，自然而然地引出下一个话轮。

不同类型的疑问句连用

试分析以下例句：

隐私热在今年出现其实是社会的一个进步。很多年前，邻里乡亲呼吸声相闻，挣得差不多，从父辈开始大家就熟悉，成长史也没得隐瞒，何来隐私之说。更何况出版界政治挂帅，谁来关心什么隐私。但现在不同了，生命的道路在多元的社会中各不相同，出版业也百花齐放，隐私也成了中国人挂在嘴边的话语，不是进步是什么？(反问)

但我还是有个怀疑。标榜“绝对”“非常”的隐私就真的全部是真实的吗？(反问)

始作佣者一本书过后，众多同类书籍快速跟上，这种“急就章”中间的水分和戏剧化因素就真的那么可信和真实吗？(反问)

面对隐私热也该有一点儿反思。隐私热不是出版商造出来的，作为倾诉隐私的人和我们每一个看客、每一个买者和书商一起制造了这股隐私热，因此不高兴者不必把抱怨都送

① 吴为章：《广播电视语言研究之“本体”观——以提问艺术探讨为例》。

给出书的人。我们作为看客，心中的哪些弱点是这股热的原因呢？(特指问)

另外社会应该反思。我们有没有一个健全的社会心理抚慰系统呢？（设问）没有。心理医生稀少得可怜，人与人之间距离越来越远，朋友之间越来越有礼貌……谁来做我心事的倾听者？(特指问)

当众多普通人的隐私作为商品大赚其钱，但应该在某些方面没有隐私的人却正享受着隐私被保护的快乐。比如说，权钱交易总是人不知鬼不觉，有些官员的非法收入反倒成了被隐藏起来的私财；交易不透明，有些人偷税漏税让税务部门一点儿办法都没有，等等等等，什么时候能让这些隐私都经常被公开呢？(特指问)

以上例句中，有反问、设问、特指问，分析以上例句可以发现，巧妙地连用不同类型的问句，不仅能够使话轮与话轮之间的衔接更紧密、转换更自然，还能够使提问的内涵和形式都更丰富，给人一种层层深入的推进感和变化着的节奏感。

如何选择提问方式，是即兴对话性口语的一个重要方面。了解和掌握丰富的提问方式并能在实践中恰当地加以运用，可有效实现对话的意图，突出对话的优势，揭示对话的内涵，活跃对话的形式。

练习

1. 进行模拟采访训练。要求充分做好案头准备工作，精心设计提问，尤其要注意选择恰当的提问方式。

2. 采访实录点评

练习示例

采访实录[①]

面对分流的公务员

1998年4月，当国家石油和化学工业局开始运转时，定职能、定机构、定编制的三定方案还未出台。在原化学工业部，包括司局级干部在内的387名公务员去向也无法明确。所以，在这个阶段，他们中间的每一个人都必须有面对分流的准备。

一位公务员被分流的经历

刘鲁丽，原化学工业部军工办公室科员。1976年毕业于天津大学化工系，1978年，她抽调到当时组建的化学工业部时，年仅23岁。她经历了自1983年以来的历次机构改革，记者采访了她。

记者：你赶上了1983年机构改革，当时对你有什么影响？

刘鲁丽：当时想反正不是留在化工部就是石化总公司。

记者：那时候是无所谓的？

---

① 引自《正在发生的历史》87－95页。

刘鲁丽：无所谓。如果要是分出去，我想适应工作应该是比较快的。不过那次我的工作没有变动。

记者：1993 年机构改革中，你也在分流之列。当时你怎么想？

刘鲁丽：当时就想我们整个司都没有了，该怎么做就怎么做吧。而且也没有想到分流出去以后会怎么样，那个时候想象不出来的，完全想象不出来。

记者：分流后适应吗？

刘鲁丽：第一年还好。好像还有一种新鲜感，然后又想塑造一个新的自我，这也是一个机会嘛！当时想。

记者：后来呢？

刘鲁丽：我分到了一家公司，在技术开发部，人家有时候让我们帮助做一些技术咨询，编制可行性研究报告，让我们帮人家跑项目，这是要钱的呀！很不容易拉下面子，谈完了，签一个协议，最后我们一分钱拿不到。然后我也就不好意思再去管人家去要。人家说我们现在企业很难，能不能等见效以后再给你们钱，还能怎么样呢？我当然也就强调我们现在也很难，因为我们也是靠这个吃饭，可是如果人家要再进一步强调人家的难度，我就再也不好意思张口了。就这样，我们经常白做，我们部门 3 个人，我们 3 个人，过去都是在机关里的。

记者：当时是不是很后悔从机关出来？

刘鲁丽：确实是比较后悔。很难受的，相当难受，我还有那么一个感觉，觉得好像我已经没有用了。我原来在机关里，虽然只是一个普通的工作人员，但是我做的每一件事都是国家需要我去做的，这个感觉和在企业是不一样的，不管你做的这个事情，是大事还是小事，都感到我是一个有用的人。

记者：有没有试试去做其他的工作？

刘鲁丽：我就想回机关。有那么一种想回家的感觉。

记者：据我所知，经后来多方努力，你终于回到了你熟悉的机关。

刘鲁丽：回来了以后，我就觉得我很快就能够进入我现在工作的角色。

记者：很快？

刘鲁丽：很快。连我妈妈都说，你把我们都感染了，每一次回来都是高高兴兴，跟个孩子似的。我体会到，公务员，不怕累，不怕忙，就是怕觉得自己没用，真是这么回事。

记者：你回机关还不到半年，又赶上了这次机构改革，回来之前，你知不知道化工部要撤？

刘鲁丽：当时确实是没想到。

一位处级干部的选择

刘玉岐，原化学工业部计划司投资处处长，现年 32 岁。这位年轻人正在北京大学带职学习工商管理（MBA）。刘玉岐从青岛化工学院毕业后，在原化学工业部工作了 12 年。记者采访了他。

记者：你为什么要选择这个 MBA（工商管理硕士）？

刘玉岐：它确实是一个综合培养管理干部的好方式。我参加 MBA 这个班，自己觉得有点儿幸运，我觉得自己的下一个目标就是提高自己的水平。通过这次机构改革，我觉得应该反思，自己过去到底做了些什么?

记者：面对分流，你的心情是怎样的? 你有没有静下来，仔细来分析一下，你有没有把握面对未来的挑战?

刘玉岐：我觉得自己的优势是有的。第一，通过在机关工作十多年，积累了很多行业管理的经验；第二，接触了大批的高素质的人。

记者：那么在未来的工作选择里会面对哪些机会呢?

刘玉岐：真正到一线去，到企业去。

记者：您所选择的企业是哪一类的?

刘玉岐：特别偏爱国有大中型企业，特别是大型企业。

记者：你觉得自己对企业了解吗?

刘玉岐：客观地讲，自己对企业了解是不够的。主要是对企业的管理了解不多。但对企业的发展，企业的发展战略，企业的长远发展，企业的规划发展等方面，我觉得自己应该是比较了解的。

记者：国有企业本身就很困难，有很多人下岗，那么你去之后，你的位置在哪儿?

刘玉岐：我个人认为，完全可以从最基础的工作开始做起。

记者：从零开始?

刘玉岐：从零开始，都无所谓。我觉得，每一个真正从企业成长起来的人，都是从基层做起的。

一位局级干部的人生思考

42岁的刘晓滨是原化学工业部政策法规司司长。刘晓滨当过3年知青，做过两年工人。1978年，他考入辽宁大学中文系。1989年，刘晓滨任沈阳化工学院党委副书记时，只有32岁。当时，在中央党校学习的司局级干部班里，他是最年轻的。1994年，一纸调令使他从沈阳来到部机关，妻子和孩子也高高兴兴随他进京。

记者：时下各种传媒对机构改革的报道，你是如何看的？

刘晓滨：我们非常理解新的国务院领导班子的所思所想。我们也希望外界的人，包括我们普通的同志们能够理解我们，不单是我委屈，可能我们很多同志都感到很委屈。怎么说呢？我们并不是“一杯茶，一支烟，一张报纸看半天”，我说的是主流。

记者：那么现在这种委屈的情绪还在吗？

刘晓滨：江泽民总书记在十五届二中全会上的讲话，李鹏总理在人大会上做的报告，朱镕基总理在结束之后的答记者问里面都再三强调，国家机关干部是国家的宝贵财富，对这一点，大家心里感到是很欣慰的。

记者：您处于现在政策法规司这样一个位置，那么现在这个部的职能和现在进行的市场经济，有哪些地方是相左的呢？

刘晓滨：比如说，过去我们每年都要开一些生产性的、安排性的会议，带有一定指导性的计划，那么随着整个市场经济的发展，这些生产性的计划有可能成为一种虚的东西，也谈不到对企业有什么真正的指导意义。

记者：你怎样看机构改革中人员分流的现实？

刘晓滨：如果说不想这个问题不现实，也不客观。但是现在想这个问题，也很难。难在哪儿呢？坦率讲，像我们这一代人，从小是听党组织的话听惯了，人生道路似乎都是由组织来给安排的。可能在我一生当中，最大的选择，个人的选择，一个是考大学是由我决定的；另一个是妻子，是我选择的。

记者：你夫人和孩子是怎么看待这次机构改革中您个人的选择的呢？

刘晓滨：曾经替我担忧过。她们一直把我看成是她们力量的支撑所在。下一步，有可能会使她们觉得脸上无光。但是我想这也没什么了不起的，因为所面对的现实不是我一个人的问题。

记者：这次机构改革，您认为它对您个人的发展是一个挫折吗？

刘晓滨：我认为，我所学所知还应该有地方发挥，还需要不断地学习。包括现在我们任何人也无法预计下一个世纪，当知识经济到来的时候，摆在我们面前的将会是一种什么样的环境。

记者：42 岁的时候，您觉得自己还有可能再塑造自己一个新的人生吗？

刘晓滨：难度很大。因为我的 42 年的人生经历，可以说已经基本定型。因为从知识结构，年龄结构，后起之秀已经是长江后浪推前浪了。我们所有的优势，可能只能用一句话来概括，就是经验。但是这些经验在面临着一种新的工作后，将可能不称其为经验。

记者：你是国家石油和化学工业局三定方案成员之一。你在为别人考虑去向时，如何面对自己的未来？

刘晓滨：我有一个基本的原则：就是能将我自己一生当中的所学、所思、所想为国家、为民族做一点工作。

记者：最近一段时间，你有没有静下心来，比如说对自己的优势和选择、对未来生活，做一些思考呢？

刘晓滨：我可能将用这3年的时间来对自己进行一次反思。从目前看，我还是愿意留在局里工作，那么除此之外，因为我是从高校出来的，做一介书生，此生足矣！

记者：你有没有一种中断的感觉？

刘晓滨：不能说没有，那么我想如何面对它，林则徐曾经说："苟利国家生死以，岂因祸福避趋之。"也就是在国家整个改革大潮向前发展的时候，我们需要付出自己的一些牺牲，当然这些牺牲和我们的下岗工人比，还是属于渺小的、微弱的，特别是朱镕基同志在答记者问题的时候，他非常坚定地、非常深情地阐述了自己的改革思路和观点，同时非常动情地讲到哪怕前面是地雷阵，是深渊，他也要一往无前，义无反顾，鞠躬尽瘁，死而后已。我想这对我们来讲都具有很强的震撼力。作为我们这一代国家的公务员，没有任何理由不和我们的总理一起共同来趟地雷阵，过万丈深渊。

新局长的改革决心

本次机构改革方案中，人员分流的目标是：机关干部人员编制总数要减少一半，但对于新组建的国家石油和化学工业局来说，要超过半数。因为新组建的国家石油和化学工业局是原化学工业部、中国石油化工总公司、中国石油天然气总公司 3 家单位行政职能的合并。如今，分流的重担落到了现任国家石油和化学工业局局长李勇武的身上。因为在原化学工业部部级干部中，他是唯一一位留任的。

记者：这间办公室原先是谁的？

李勇武：原来是（顾秀莲）部长的。

记者：最近一段时间忙吗？

李勇武：很忙，很忙。

记者：跟你们部里一些公务员们聊天的时候，他们都说，你去采访我们的李局长，他应该是最难的，因为我们的分流都在他的心里。

李勇武：难度在什么？因为一个人一个情况，为什么说难呢？比如说我们要搞一些分流的，到底什么单位，什么去处，应该做得像毕业分配一样。

记者：您是怎么理解公务员是国家的宝贵财富的？

李勇武：首先，他们的基本素质好，现在的机构改革，是这个机制不合理，而不是这些人不好，应该说他们看的面比较广。改革开放以后，他们对国际的、宏观的、全球的经济了解得比较多。

记者：年底要分流一半，对吧？

李勇武：在 3 年之内分流完。

记者：您觉得 3 年有把握吗？

李勇武：当然有把握了，当然难度很大。我还想提前呢。

现在，因为分流的去处不是一个，充实企业，就是其中之一。比方我们的研究院、设计院、企业、事业单位，都还是需要我们这些机关人员的。现在有好多企业就纷纷向我们要人。

记者：有多少这样的企业?

李勇武：现在，有的主动找我们来，有的和我们打招呼，他们非常看重原来在企业呆过，现在在机关里边工作的公务员们。

记者：他们都是要什么样的人?

李勇武：当然是对他们企业有用的人。

记者：是不是他们要的人也是你们想留的人?

李勇武：好像有这个问题。

记者：那会不会给分流工作带来更大的困难?

李勇武：是的。从我和大家谈话的过程当中，大家也有这个思想准备。不是表面讲“一颗红心两种准备”。现在有这个思想准备，我觉得也是我们做好分流工作的一个基础。没这个思想准备，我就在这儿，就不走，那就不行了。现在有这个思想准备，机关留下也好，外边也好，确实有他用武之地，大部分是这样的。

点评

机构改革，不仅直接牵涉到数百万即将下岗分流的公务员去留的问题，更深层次的是涉及利益再分配的问题。《面对下岗分流的公务员》不仅选择了具有现实意义的热点话题，而且还选择了具有典型性的采访对象。采访者将注意力集中在面对分流的公务员的现实选择和公务员们在这次机构改革中的所思所想上，虽然话语平实，但因目的明确，且多采用具体而集中的提问方式，所以节奏紧凑，线索清晰，给人一种环环紧扣的冲击感。

第九章 即兴口语表达的心理准备和心理素质的训练

广播电视即兴口语是在基本没有文字稿件作依据的情况下，现想现说，即兴发挥，如何控制和调动自己的情绪、控制和调动受众的情绪，是能否顺利完成即兴口语表达的关键性问题。因此，除了要进行搜集材料、了解背景、安排“说”的结构、理顺逻辑思路等准备工作外，还需要进行必要的心理准备和心理素质的练习。

第一节 增强自信，排除杂念

由于心慌、怯场，导致思维混乱；由于思维混乱又导致语无伦次，这是即兴口语表达中最容易出现的问题。怯场，是“说”者心理弱势的反应，树立自信心，才能在心理上争取主动，才能保持良好的创作心态。那么，怎样才能树立起自信心呢？人们通常是在做没有把握的事情时，才会不自信，才会胆怯。因此，事先做好充分的准备，在胸有成竹的情况下完成即兴口语表达，是树立自信心的关键所在。准备，既应该包括前几章中涉及的对表达素材、内容以及方式、方法的诸多准备，也应该包括以下几方面：

一、研究受众的心理，激发“说”的欲望

事先要全面而细致地研究受众的心理需求和受众的心理活动规律，了解他们关心什么，喜欢什么，想听什么，想看什么，有针对性、有目的性地提供他们所需要的、对他们有用的信息；把握他们的心理承受能力和接受能力，选择、设计、安排便于他们接受的语言环境、长短适宜的时间、喜闻乐见的表达形式。在研究受众的心理的基础上，你才会以一种平等的、朋友式的心态去面对受众，才会产生为受众服务的心理动机，才会激发出强烈的要说给人听的欲望和冲动。总之，你只有确认自己要说的话能满足受众热切的渴望，才可以树立起牢固的信心。

二、排除杂念进入情境

常见有人在进入直播现场时紧张、怯场，原因无非产生于两个方面：除了以上谈到的事先的准备工作问题外，还有一个能否排除杂念，进入创作情境的问题。

在调查研究中发现，过多地考虑个人的形象而忽略了传播的目的和任务，就容易产生心理障碍，就容易产生各种各样的杂念。比如：“这么多人看着我，万一说错了话多丢面子呀！”“我能胜任吗？受众能接受我、喜欢我吗？”等等。

当有记者问崔永元他是如何在现场把握“自信”的时候，崔永元回答说：“最早设计节目的时候，我就有个想法，把我最真实的想法反映给观众，我的自信建立在我的真诚

上，建立在我的善良上。比如说，我听嘉宾讲他们曲折的经历，会被打动得掉眼泪。我相信很多主持人在这种时候会很忌讳自己掉眼泪，因为掉眼泪的样子确实不好看。我在哭的时候，在掉眼泪的时候，脑子里没有这些杂念。包括我想开怀大笑，我就笑，我笑起来的表情很难看，我自己知道，但是我不在意。这就是我的自信所在。我说话没说好，说结巴了，我的形体不好看，服装搭配不很合理，各种各样男人的毛病都可能在屏幕上被放大，被展现出来，我心里可以接受它。我希望大家看到的这个《实话实说》的主持人，就是这样，不是个完人，身上有很多毛病，也有很多可爱之处，他一看我，就想到他的一个兄弟，想到插队时的一个战友，想到当兵时同班的一个战士，想起邻居大妈的一个儿子。我的自信就建立在这个地方。”①

崔永元认为，“自信”是建立在“真诚”和“善良”之上的。主持人是否“真诚”与“善良”，集中体现在是表现自我，还是一门心思地服务于受众。因此，要克服心理障碍、排除各种杂念，重要的是端正思想，摆正“我”与受众的关系及“我”在创作群体当中的位置。认清“出声露面”的“我”不过是“传媒的终端”，这“终端”既是“岗位”又是“责任”，那么就要抑制自我表现的欲望，淡化个人的形象，只有这样，才能专心致志地将全部注意力集中在节目内容上，集中在如何很好地体现出创作群体的智慧，如何很好地为受众服务上，在与受众全身心的、平等的、轻松的交流沟通中，使语言传播真正起到“信息共享、认知共识、愉

① 《真话实说》37页，光明日报出版社，1998年10月。

悦共鸣”的作用。

第二节

自控与控场

一、心理自控能力

心理自控能力主要是指在即兴口语表达过程中把握心理的稳定、心理的兴奋、心理的节奏以及对自我情绪的调整、控制和驾驭能力。

(一) 心理稳定

在即兴口语表达的过程中，常常会遇到许多意想不到的情况，要迅速地做出判断、找出对策、眼疾“嘴”快，没有心理的稳定能力做保证几乎是不大可能的。

香港回归七十二小时的特别报道被称为中央电视台有史以来规模最大的一次全方位立体报道工程，尽管事先做了大量的准备工作，但在现场报道过程中，面对一些始料未及的突发情况，由于主持人没有足够的心理准备，还是留下了一些遗憾。比如，按照事先了解到的情况，彭定康在主持完港督府降旗仪式后，将乘车在港督府院内绕场一周，以示惜别之情。为此，中央电视台在现场的记者精心设计了一段现场解说词，大意是：彭定康的汽车在港督府内绕了一圈，车轮缓慢，试图表示港督对这里的依依不舍。然而，历史的车轮却滚滚向前，香港的回归已是任何人都无法阻止的现实。果然，彭定康在降旗仪式后钻进了汽车。汽车也果然围着港督府的院子开始转圈。于是，那位现场记者不失时机地将那段解说词说了出来。可是，他说完“历史车轮将滚滚向前”后，突然出现了一个意想不到的情况，只见彭定康的汽车在转完一圈后，并没有像事先预定的那样开出大门，而是继续围着院子又转了起来。那位记者显然对这一临时出现的情况没有心理准备，他先是沉默了一会儿，接着在画面外说道：“彭定康的汽车又在院子里转了一圈。”也许是害怕冷场，记者把那段“车轮滚滚”的解说词又说了一遍。更令人意想不到的是，彭定康的汽车在转完第二圈后还是没有出门，继续开始了第三圈。万般无奈的记者这时说出了一句后来遭到不少观众批评的解说词：“汽车又转了一圈。”①

显然，由于心理准备不足，面对始料未及的突发情况，那位记者心理的稳定被打乱了，于是，思维出现空白，语言苍白无力。

在即兴口语表达的过程中，难以想象、难以预料的事情会随时发生，因此就要求我们具备过硬的心理稳定能力，无论遇到什么难题，都能控制、驾驭自我情绪，镇静自若地迅速排除干扰，适应环境。

（二）心理兴奋

即兴口语表达是现想现说，表达者只有在饱满的情绪支配下进入良好的创作状态，才有可能激活思维，敏锐地反映，而这种状态的获得，离不开心理的兴奋。

保持心理的兴奋，一是要真诚地热爱服务对象，牢记受众的期待；二是要全身心地投入每一次创作，对话题充满兴趣；三是要对生活和时代充满热情，善于捕捉新鲜感；四是

---

① 水均益：《前沿故事》72页，南海出版公司，1998年10月。

要善于积极地感觉、接受来自外界的各种刺激。

二、控制现场的能力

即兴发挥的口语表达要获得良好的传播效果，播音员，特别是节目主持人，就不仅必须具备较强的心理自控能力，还必须具备较强的控制现场的能力。因为，主持人在传达节目内容的同时，还要负责“组织串联一次节目的各个部分，或衔接整台、整场播出的各个节目”，“掌握节目的进行节奏，处理临场出现的各种问题”。①

（一）即时交流与反馈

在即兴口语表达过程中，如果主持人不注意现场的气氛与情绪的变化，不注意与听者的即时交流与调整反馈，以不变应万变，按原定计划只顾埋头自己说自己的，即便口若悬河，也未必能使听者集中注意力，未必能把握听者的心理节奏、把握节目进行的节奏，而出现“控场失效”。

有人认为，要有效地控制现场，“目光交流”极其重要。一是用目光传递说者的情感信息；二是用目光吸引听者的注意力；三是通过察言观色把握听者的心理节奏变化，即时对节目进行的节奏做出必要的调整。

沈力集多年的工作经验，总结出这样一句话，叫作：“目中有人，心中有情。”“有情”是“有人”的前提和基础，因此，能否很好地运用“目光交流”或其他方式进行交流，就不仅仅是一个简单的技术训练问题，还牵涉到播音员、主持人与受众的关系和对受众的感情态度问题。

---

① 《中国广播电视学》558页，中国广播电视出版社，1990年9月。

有位10岁的小观众用稚嫩的声音问了王雪纯一个严肃的问题："雪纯姐姐，为什么那么多人喜欢你?"王雪纯回答："要替别人着想，要善解人意。"她还说："如果一个人太自私，必定会使别人不舒服，也必定会把这种不舒服传染开来让大家都不舒服，所以怎么才能让自己舒服呢？那就得让别人也舒服，那就得对自己有所控制。我内心的愿望是，当我在一个环境和人群里时，我的存在应该使这里的氛围是圆融的，是平静快乐和安详的……"[①] 王雪纯这一为人处事的原则自然而然地流露在节目主持之中，她诚恳地与来宾相处，细心地观察他们的种种反应，真挚地与他们进行交流，因此，在即兴口语表达过程中，时常让人感受到她"善解人意"的主持特色和由此而营造出的圆融、平静、快乐、安详的创作氛围。

崔永元认为，谈话类节目需要一种平等朴素的方式，"你请人家来，不是为着表演，而是要和他们交流，交流确实需要关系平等。"他还认为：如果主持人"太在意自己了"，"就会和现场观众有一种距离。"他发现，当他化好了妆，穿着很整洁的衣服走进演播室的时候，通常会听到人们悄悄议论"崔永元来了"，眼睛里有很羡慕的目光。崔永元觉得他与大家有反差，有距离，这是不平等的，这会使来宾顾虑重重。于是，他每每进入现场，"都要忙活半小时20分钟"，跟大家随便说说话，开开玩笑，等大家觉得跟他"一边高了"，情绪放松了，心态调整好了，甚至纷纷抻着他的

① 《真话实说》137—138页。

衣服要求“小崔，小崔，让我说两句”时，才正式开始录像。[①] 崔永元很注意人们的心理，很重视开场前的这段交流，他觉得调整大家的心态、控制现场的工作从这时就开始了。他知道，如果不能和大家融为一体，打成一片，主持人即使滔滔不绝，没人支持、配合，没有一种轻松和谐的谈话氛围，也会“控场失效”。

在即兴口语表达过程中，要随时注意搜集并准确无误地判断受众的反馈信息，既要照顾全场，不可忽略哪个角落；又要有所侧重地确定一个或几个观察点，通过观察他们的表情变化，情绪波动，敏锐地洞察他们的心理反应，把握他们的心理节奏和对你所说的话的接受程度。搜集反馈信息的目的，在于随时对说话的内容、形式、顺序、重点、节奏等进行调整，不因平铺直叙而涣散听众的注意力，也不因信息量过大而使听众紧张疲劳，心理兴奋与心理休息适当交替，有的放矢，张驰有致，防止控场失效。

(二) 随机应变的能力

俗话说，计划赶不上变化。无论事先筹划得怎样周密，也难以将临场的种种随意性反应预料得面面俱到，如果主持人不具备敏锐的反馈意识和应变能力，面对突然发生的情况变化或临场出现的种种随意性反应，就很难迅即做出准确的判断和果断地采取相应的措施，而丧失控制话题展开、情绪调动、气氛调节等方面的主动权。

1995 年 12 月 21 日，古巴领导人卡斯特罗在钓鱼台的一间会客室里接受了中央电视台记者的采访。在这一天，卡

① 《真话实说》39—40 页。

斯特罗又穿上了几十年来人们常看到的那一身绿色的军装，脚上是一双高腰皮靴。记者水均益敏感地注意到他的这一身装束，并随机即兴地由这身装束开始了采访："主席先生，刚才您走进来的时候，我注意到您一身漂亮的绿军装。多少年来，您一直保持着军人的装束，但是最近一段时间，我们发现您在重大的国际场合越来越多地换上了西装。这种服装上的变化是否有什么含义？"

自冷战结束，苏联解体以后，古巴面临着严峻挑战。许多西方分析家把目光瞄向了古巴。他们认为随着国际大形势的改变，古巴将不得不放弃社会主义道路。一些西方舆论把卡斯特罗形容成"共产主义的最后一位守墓人"、一个"昨天的故事"。正是基于这一点，卡斯特罗的一举一动都备受关注。卡斯特罗身穿西装出席联合国大会以后，许多舆论便据此判断说，卡斯特罗是在发出信号，他将向西方靠拢。[1]

由这样一个看似非常生活化其实又具有深层背景的话题开始采访，无疑使话题的切入更自然、生动，内容更丰富多彩，谈话的气氛也更融洽。试想，如果没有记者对背景材料的透彻了解，没有敏感的观察能力和果断的判断能力，特别是没有灵活机动的应变能力，是不可能即兴捕捉到这个难得的话题的。

1995年初，中央电视台"综艺大观"栏目以母亲为主题做了一期现场直播节目。当节目快结束时，导演告诉主持人倪萍还剩三分多钟时间，可是已经没有节目了，让她即兴发挥，想办法把这三分钟时间填补上。倪萍事后说："直播

---

① 《前沿故事》195页。

就是战场，你来不及周密策划，在场上你也找不到任何可以商量的人，最重要的是观众并不知道你是临场发挥，他依然要你准确得体，职业要求你必须具备这种能力。”只见她没有片刻停顿，果断地走向观众席，她说：

我想知道，今天在场的观众朋友们，有哪位是陪同母亲一起来看“综艺大观”的？

倪萍事后说：“此时，我脑子里迅速在做着下一步的打算，如果一个也没有，我会如何？如果有，我该说什么？”

观众席中站起了一位小伙子，在热烈的掌声中，倪萍很动感情地将小伙子夸奖了一番，而导演还在示意她说下去，因为还有一分钟的时间。倪萍接着说了下面这段后来得到一致好评的结束语：

> 儿子带母亲来看节目本来没什么了不起的，但我常常在演播厅里看到的却是一对对情侣，一对对夫妻，有的是父母带着孩子，我却很少看见儿女陪着父母来的。其实，老人更需要多出来走走，他们更愿意来看看电视台是什么样，演播厅是什么样，倪萍是什么样，我希望从今天以后能在这里见到更多的孩子陪着父母来……

倪萍事后说：“说实话，往下再说什么，我已经很自如了。因为那时我和观众一起感受着这份中华民族的美德，我的心被感染着。想到电视是对着千千万万个家庭，对着千千万万个有父母的儿女，我激动了。”①

在直播现场，特别是在始料未及的情况突然发生的紧急状态下，主持人准确地找到了心理的“兴奋点”，这就是想

① 倪萍：《日子》134页，作家出版社，1997年6月。

到“千千万万个家庭”和“千千万万个有父母的儿女”，同时将全部注意力集中在了这个“点”上，排除了干扰，保持了心理的稳定，“和观众一起感受”并“被感染”“被激动”，正因为如此，才能将一段即兴口语表达到感觉“很自如”的程度。

类似的情况在直播现场屡见不鲜，主持人能否沉着冷静、随机应变，心理素质的成熟与否是个关键。

重大活动报道因其关注面广，政策性强，影响重大，责任也重大，被称为新闻报道中的“重中之重”。正如著名播音员方明所说：“对于播音员来讲，参加这样一些活动，思想、业务、身体等各方面，都是在接受很严格的检验。”

方明曾经承担并圆满完成过许多重大新闻活动的报道工作。1984 年，中华人民共和国成立 35 周年，那时华夏大地刚刚经历了拨乱反正，初迎改革开放的春风，政通人和、万象更新，那一年的国庆大典给人们留下了极为深刻的印象。方明担任了那一年的天安门阅兵、游行的实况转播工作并受到了广播电影电影部的通令嘉奖。

学生们问方明老师：在一言千钧的天安门城楼转播话筒前，您为什么能做到举重若轻，挥洒自如？在纷繁复杂的转播现场，您为什么能与方方面面配合得那样默契？

经过认真思考，方明老师总结了以下几点：

1. 政治把握。在重大事件的报道中，作为国家电台的播音员，既要把握住个人的感情，更要表达出人民的感情，要把握当时的历史环境、政治环境和自己的切身体会与大环境的联系。越是在关键的时候，越不能有丝毫的含糊，这是当播音员最起码的政治素质。

2. 事前准备。转播稿件的字数是有限的，但稿件背后的内容却是无限的。要了解游行队伍中每一辆彩车的典故，要了解现代化部队装备的知识，还要了解游行队伍中那些来自各行各业、各个民族、各个地区人们的感人故事……“只有把这些东西都融化在自己头脑当中，播起稿子来心里底数才会大，转播才可能进行得很顺利。”

3. 现场配合。一些技术性的关键环节要特别注意。

方明举了这样几个例子：

> 比如秦基伟向小平同志报告，“报告军委主席，庆祝建国35周年受阅部队列队完毕，请你检阅。阅兵总指挥秦基伟。”（秦基伟当时是北京军区司令员，阅兵总指挥）在他报告前边要播一句话，就是：“阅兵总指挥秦基伟向军委主席邓小平报告”。这句话，必须要赶在秦基伟举手敬礼之前把它说出去，太早了，空；太晚了，和秦基伟的话压上了。
>
> 我们就紧盯着检阅车——小平同志从天安门城楼下来，乘坐敞篷车，出天安门，过金水桥，然后拐一个弯儿，面朝东，车停下；秦基伟的车从东边缓缓地停在小平同志车前面，举手报告。我就两眼紧盯着面前的监视器，因为我们在城楼东南角，看广场上的检阅车不是很方便、很清楚，就紧盯着面前的监视器——在秦基伟车刚要停还没停的时候，我就把这句话播出去，这样正好秦基伟举手报告。它的时间性很强，所以转播的时候，不能光顾着去播稿子，还得照顾到现场。
>
> 再比如阅兵分列式开始，第一个方队是仪仗队。前面有一个陆军军官高擎着“八一”军旗，他左右两边各

有一个空军军官、一个海军军官，后面仪仗队擎着大旗。他们从东标语塔起步，走到东华表有个口号是“向右看!”然后集体喊一个预令“一——二——一”之后，“跨! 跨! 跨! 跨!”变正步。就广播来讲，这样的效果是最具有特点的，第一次出现，就必须把它突出出来。你不突现出来的话，淹没在你播音员的话当中，整个节目效果就显得不那么精致了，听着就不舒服了，所以必须要把它突出出来。

在解说前面的话的时候，要看好了队伍行进的位置。队伍快到了，我就要停下来，把这个口与时间给它空出来。当然下边机务人员在推话筒电位器的时候，他两个眼睛也看着我这稿子呢。我停下来了，他就把效果推上去，就是东华表那个地方的效果推上去：“一——二——跨! 跨! 跨! 跨!”突现出来了，然后我再接着播下边的话。

最紧张的还是王欢在介绍地对空导弹的时候。当时，我就要看着东边天空——人家告诉我说，你就看着大北窑那边，只要飞机一出现，在大北窑那儿就开始拉烟儿了（拉彩色烟带）——那儿一拉烟儿，我就要让王欢停下来，我来介绍飞机。这样在我介绍飞机三两句之后，飞机正好到天安门中间，从话筒传出去的就刚好是飞机的声音。如果北京的听众开着收音机，同时也看着天空的话，那么我介绍到这会儿，抬头一看，飞机正好到。这样就不会出现“客里空”，使现场转播和听众收听、观众观看一致起来了，充满现场感。

游行队伍中还有很多形象化的东西，也要把它们到位地传达出来。你比如彩车当中的标语，它不都是固定地写在那儿，而是在上边转动。我在播标语的时候，“彩车上边有一个大标语，上边写着——”，它在那儿转，它转不过来的话，我没法播，我就等着它，我还得按照它转的速度来播，这样才能把它在现场出现时的形象化的特点给体现出来。

庆典性质的活动，对各个方面要求都非常规范，只能在有限的条件下，尽可能地把现场的东西描绘好，光照稿子念是不行的。

4. 冷静应急。碰到临时情况，头脑要非常冷静，如果没有一个冷静的头脑的话，就会乱套。

方明又举例说：

参加检阅的飞机，当时是四个梯队。其中第一个梯队是大型轰炸机，第二梯队是歼击机，第三梯队是强击机。它们的速度都是不一样的，强击机的速度好像比歼击机快一些，这样第二梯队和第三梯队之间有一分钟的空儿。

那天天空雾气蒙蒙的，看不清楚；听声音，也辨别不出来，因为下边是机械化部队，上面是飞机的声音，全搅在一起了，好像都是一片“轰轰——”的声音。看第一梯队过去、第二梯队过去之后，我就等这一分钟。因为强击机、歼击机都比较小，它不像大轰炸机，就更看不清楚。这时候，指挥说“第三梯队来了，赶快播！”——因为你不赶上这时间，再播就来不及了，后边的稿子全挤上了。“赶快播！”——我说“时间没到呢”，他说“已经来了”，我说“不可能，这儿空一分，我看着表呢”，他说“来了”，我说“没来呢”。来回说了这么几次，空了一分，第三梯队到了，我这才开始播。如果提早播的话，就会有人说你这儿“客里空”了，所以头脑要特别冷静，要有一个能应付临时情况的素质。①

5. 确定基调。方明认为，特别是一开始的15分钟是静场的播音，情绪要饱满，基调要把握好，否则压不住场。

方明于创作实践中总结出的几点经验，不仅对于重大新闻活动的现场报道工作，而且对于即兴口语表达的心理准备和心理素质的培养也都具有指导意义。方明说：“艺高人大胆，胆大人艺高。”一位大胆、自信的播音员或主持人，必须具有很强的心理自控能力和控制现场的能力，而心理自控能力和控制现场的能力又源于“心里有底数”，也就是说，只有事先的准备周密详尽，于播出现场才能保持良好的心理稳定和心理兴奋，才能即时交流与反馈，随机应变地处理临场出现的各种问题。

加强心理素质的练习与前面讲到的注意力的练习具有十分密切的关系。加强注意力的专注性与持续性的练习，注意力的警觉性与选择性的练习、注意力的分配能力、转移能力的练习等等，对于完成即兴口语表达的心理准备，提高主持人的心理素质，大有益处。

练习

1. 快速巧对对子

① 姚喜双、郎小平：《方明谈播音》105－107页，中国广播电视出版社，2000年1月。

上句：山羊　接下句：水牛

上句：山羊上山　接下句：水牛下水

上句：山羊上山山碰山羊角　接下句：水牛下水水没水牛腰

2. 脑筋急转弯

练习示例

问：医生发现，刚刚出生的女婴只有一只右手。当医生将这一发现告诉女婴的母亲时，她的母亲并没有感到惊讶，为什么?

答：因为任何人都是只有一只右手。

3. 快速反驳

练习示例

甲：丁聪先生曾画过这样一幅漫画：

学生："2 + 1 = 3"

老师："不对，是 1 + 2 = 3"

这幅漫画难道具有真实性吗?

乙：生活中也许不会真有其事，但漫画所反映的问题却具有普遍性，因此说它夸张得准确而真实。

点评

激活思维是以上练习的目的。因为，只有思维活跃和敏捷，才能有效地完成自控与控场。

第十章 充分发挥有声语言的艺术魅力

张颂教授说："播音员、节目主持人不是用文字而是用有声语言传播信息、传播文化，因此，有声语言的质量如何，关系到传播的效果。清楚明白，是起码要求，能不能揭示内涵，有没有分寸和分量，是进一步的要求，是不是给人以美感的享受，成为更高的要求。"① 充分发挥有声语言的艺术魅力，才能使人获得美感享受。因此，即兴口语表达不仅要具备"深入的理解能力、精细的观察能力、敏锐的反应能力、知识的整合能力、敏捷的捕捉能力以及现场的驾驭能力、行为的自律能力"，还要具备"灵动的表述能力、规范的表达能力"。

第一节 语言表达技巧不容忽视

在从内部语言向外部语言转化的过程中，无论思维怎样

① 《真话实说》6 页。

活跃，最终还是要“形之于声”，也就是说，还是要靠有声语言来传情达意，有声语言是播音员、主持人创造性劳动的最终体现，因此，它的质量如何，对即兴口语表达起着关键性的作用。

追求有声语言的质量，就是要提高语言的美化程度，就是要使感情与技巧，内容与形式尽可能和谐、统一，因为，离开思想感情的基础，再完美的形式也没有存在的意义；离开恰如其分的表达形式，思想感情也不能很好地体现出来。在此重提内容与形式的关系，感情与技巧的关系，是因为在即兴口语表达的研究和实践中，存在着轻视语言功力，轻视表达方法和技巧的倾向。

无稿播音容易“水”，这是一种普遍的反映。内容贫乏或拖泥带水容易“水”，话说得含糊不清或没有艺术追求，不讲究表达方法和技巧，同样也是造成“水”的原因。有人认为，相对而言，即兴口语更讲究传播的速度和信息的容量，因此，只要思维敏捷，能迅速组织好所要传达的内容，解决了“说什么”的问题，就算大功告成了。至于如何表达，那是无关紧要的。于是，对自然主义的表达方式大开绿灯。

曾有诗人亲自登台朗诵自己的作品，结果令观众感到索然无味；而同一篇诗作经表演艺术家之口传诵出去又令欣赏者感到心灵的震撼。这起码可以说明一个问题，即：有声语言表达是一门独立的艺术，要想掌握它，就得下专门的功夫。如果你是一位文学家，你不必亲自出马朗诵自己的作品，如果你是一位词曲创作水平很高而歌唱才能平庸的人，你也不必亲自登台表演。而播音员、主持人则不同，他

(她) 既是原创者，又是最终的体现者，要现“想”，还要现“说”，要在“说什么”上下功夫，还必须掌握“怎么说”的方法和技巧。

“规范的表达能力”，当然应该包括掌握正确的用气发声、吐字归音以及思想感情表达的内外部技巧和方法的能力。要具备“规范的表达能力”，就不可不进行“规范”的训练。经过实践检验的播音创作理论，不仅对有稿播音，而且对即兴口语表达也同样具有指导意义。因此，正确的播音创作道路不容忽视，播音的传统不容忽视，学院的正规教育不容忽视，语言表达方法的正规训练不容忽视。

第二节

播音语言的特点与即兴口语表达的追求

播音语言的特点，可概括为以下几点：规范性——语言规范、清晰顺畅，庄重性——真实可信、落落大方，鼓动性——情真意挚、爱憎分明，时代感——胸襟开阔、新鲜跳脱，分寸感——准确恰当、不瘟不火，亲切感——恳切谦和、息息相通。

这六个特点是播音实践的总结，也是经过长期实践验证了的成功经验。这六个特点的形成，使播音语言在有声语言艺术中独树一帜，“成为太空电波里的黄钟大吕”。它得到了广大受众的认可并深受他们欢迎，它是一种标准，它更是一种审美追求，文化追求。

但近些年来，一种否定“播音语言”的声音使创作思想产生了一定影响，有人甚至把播音语言的特点看作是一种僵硬死板的“固定腔”，是限制个性发挥的“老框框”。思想上的混乱，导致行动上的盲目，特别是一些即兴口语节目，因缺少品评的标准，竟然让生活口语的杂质理直气壮地进入大众传媒，使语言质量明显下降。

不能以“改革播音语言”和“生活化”为由而降低视听语言的规范化标准和艺术标准，这一点，已在相当一部分业内人士中达成共识。没有规矩不成方圆。正如京剧表演艺术中的一些程式化的“规矩”，不仅没有扼杀反而成就了各种精妙绝伦的流派一样，播音语言的六个特点，也为创作者树立了具有大家风范的标尺。它不仅对于有稿播音，而且对于即兴口语节目也同样具有规定和指导意义。下面让我们做一下具体分析。

关于规范性。许嘉璐先生说：“语言文明建设是精神文明建设的重要内容，语言文明是一个国家和一个人文明程度最直接的体现。语言文明最主要的内容就是树立语言文字规范意识，正确使用祖国的语言文字。[①] 以上这段话，对语言规范的重要性做了十分明确的说明。

有人主张“主持人不必像播音员那样必须说普通话”，“要打破播音腔才能贴近受众”。受这些观点的影响，有人为自己说不好普通话找到了开脱的理由，有的播音员甚至为“字正腔园”而自惭形秽，以为话说得“越没有播音味儿”才越生活、越有个性，越自然，相当一部分主持人连说好普通话这个起码的要求都达不到，更难以很好地完成从“对不

① 张颂：《广播电视语言文字规范化文集》9页，北京广播学院出版社，1996年8月。

对——信息共享”到“准不准——认知共识”进而到“美不美——愉悦共鸣”这一高层面的追求了。

广播电视是最具影响力的大众传播媒介，用有声语言工作的播音员，当然也包括主持人，应该在语言规范化方面起表率和示范作用，要利用传播优势促进推广普通话的工作。即兴口语节目没有理由降低规范化的标准，在这个问题上，任何人都没有讨价还价的权利。

关于庄重性。真实是新闻的生命，“广播电视播音员的语言要使人相信，使人认为并非随便说说，而是确有其事，那就要庄重。”① 有人说，对于电台、电视台来说，声音形象十分重要。听到齐越、夏青、林田、潘捷、葛兰、林如、铁成、方明等老播音员的声音，就知道是中央人民广播电台。提起中央人民广播电台，就想起了这些播音员。他们以“真诚、恳切、实在、中肯”的语言特点，在全国人民心中树立了中央台的声音形象，给人留下了庄重大方、真实可信的深刻印象。

广播电视作为现代化的舆论工具、党和人民的喉舌，离开了广大受众的信任就失去了生存的基础。试想，如果一个电台或电视台热衷于用嗲声嗲气做包装，如果充斥人耳边的尽是些“悄悄话”、“枕边絮语”“夜晚伴着您睡不着的声音”之类浅薄、轻浮、俗气、小气的东西，真实的价值何在？信任感又从何而来呢？

庄重大方，不仅是一种态度，一种作风，它还是一种文化品格。一个让人信赖的主持人应该具有庄重大方的风范，

---

① 张颂：《播音创作基础》9页，北京广播学院出版社，1992年9月第3版。

不容置疑，同新闻播音一样，“主持人语言”也应该具有“庄重性”。

关于鼓动性。广播电视宣传是自觉的、有意识的活动，要很好地体现宣传意图，就要牢牢把握住宣传目的，用充满生命激情、富于鼓动性的语言，以情感人、以理服人。失去目的性，语言就会变成没有灵魂的空壳，失去鼓动性，语言就会变得淡而无味。即兴口语当然不是自言自语，表达者也不会是闲来无事“姑妄说之”，那么，就不要放弃语言的目的性和鼓动性。

关于时代感。小情小调或凄凄切切，鸡零狗碎或拖泥带水，装疯卖傻或缩手缩脚等等，都是与时代的气氛，时代的节奏，时代的精神相违背的。“主持人语言”要成为时代的强音，主持人就不能冷眼旁观，孤芳自赏或成为某一小圈子的代言人，他（她）要勇敢地站在时代的潮头，摸准时代的脉搏，跟随时代的脚步，积极反映时代，热情讴歌时代。显而易见，无论是声虚气短，还是声嘶力竭，都无法表现一个健康与理智的大社会，都是时代主旋律的不谐和音。

关于分寸感。把握分寸感，实际上就是把握准确度。所谓“不瘟不火”，就是“既防止不足，又防止过分”，这要靠“对党的方针政策的准确把握和对现实生活的清醒认识”，要靠对传播内容的准确理解与感受，靠对语言表达技巧的准确运用。分寸感应体现在能否恰当把握感情、态度，能否“用最恰当的字句将客观事物最恰如其分地表现出来”，能否发挥重音、停连、语气、节奏及基调的作用，恰到好处地表达所要传播的内容。

关于亲切感。亲切，不是一种模式，一种表演，一种亲昵的“脸谱”，亲切本身不是目的，它是由内容生发出来的真情实感的自然流露，它是“同受众的一种关系，对受众的一种态度，犹如平坦的路，宽阔的桥，为的是把负载物畅达地输送到彼地、彼岸，负载物的内容才是更重要的东西。路再平，桥再宽，负载物的贫乏、干瘪，便会造成传输的空载，甚至徒劳往返。我们不能只专注‘铺路架桥’，而忽视更为丰富的思想感情的表达。否则亲切是亲切了，亲切过程的内涵意蕴被削弱了，被湮灭了，那不是劳而无功么？事实上，一味追求亲切，是不可能产生共鸣的。”①

矫揉造作，搔首弄姿，低声下气，插科打诨等等，不是亲切，而是一种低级趣味的取悦迎合。试想，如果在报道森林发生火灾的消息时满脸堆笑，在揭露一起特大贪污受贿案时轻声细语，那么，表情越是柔媚，声音越是柔和，就越会使人感到面目可憎。所以说，充满正义感才会使人感到亲切，充满人文关怀才会使人感到亲切，微笑着讴歌真、善、美使人感到亲切，横眉冷对假、恶、丑也会使人感到亲切。

亲切感源于一个“真”字：内容真，感情真；最忌一个“假”字：假情假意，假模假样。

播音语言的特点具有实践的基础，理论的基础，受众的基础，它不仅没有过时，而且对即兴口语表达也具有积极的指导意义，它应该是有稿播音和无稿播音共同的语言追求。

---

① 张颂：《播音语言通论》163页，北京广播学院出版社，1994年3月。

第三节

语感的丰富与精密

“语感，是对语言刺激的‘感之于外，受之于心’，是对语言运用的‘情动于衷，声形于外’。语感是一种能力，是把接收、鉴别、储存信息和发出、丰富、驾驭信息全部融入语言感受中的能力。”①

即兴口语表达要通过快速思维来完成说话内容的轮廓，然后将简明粗疏的信息点，扩展、丰富、编码为完整的句子；还要利用有声语言表情达意的功能，将整理过的信息传达出去。也就是说，表达者不仅要具备良好的思维反映能力和语言的组织能力，还要具备熟练运用多姿多彩的声音形式来传达思维结果的语言表达能力。所谓“语感”，应该是一种综合能力的体现。

常听人这样议论那些没经过语言表达规范训练就仓促上阵的主持人或记者：“内容挺精采，可说得没精打采。”“内容可能不错，可他说得没劲儿，我们听着费劲儿，播得太差了。”这些议论，反映了受众的意见，也反映了受众对提高传播效果和对语言表达艺术的需求与渴望。

为尽可能减少有效信息的损耗，充分发挥有声语言的艺术魅力，我们不仅要在提高思维能力方面下功夫，还要在追求语感的丰富性和精密性上多作一些探讨。

语感的丰富性，就是：“善于感受和把握各式各样的、

① 《播音语言通论》141页。

千变万化的语言样态而不仅是各种样式。如‘宣读’，是朗读的一种样式，但却有众多样态：声明、公报、政令、法令、新闻、评论、信件……”① 每一样态，又会因表达者的不同，因环境、气氛、对象等等的不同而产生不同的变化。也就是说，语言样态是千姿百态的，语感的丰富性，在于它排斥用简单的“样式”来代替无穷无尽的“样态”。

语感的精密性，就是“善于感受和把握每种样式、每个样态之中某一样式、某一样态的历时、共时、瞬时差异的细微变化。感受和把握得越精密，语感越好。”② 也就是说，精密是体现在对语气、节奏甚至每一个重音、停连的具体把握上。精密，就是要“精雕细刻”“精耕细作”而不是大而化之，粗枝大叶。

语感的丰富和精密，是否可以用两个字加以概括：“变化”，没有变化，就没有语感。换言之，获得良好的语感，为的就是使语言更富于变化，也更富于感染力。显而易见，任何固定“样式”、固定“腔调”与语感的丰富和精密相比，都会显得十分苍白。

任何一门健康发展的艺术，都具有很大的包容性、开放性。固步自封、闭关自守、妄自尊大或妄自菲薄，都会使路子越走越窄，都是在“自毁长城”。海纳百川，有容乃大。即兴表达要追求语感的丰富和精密，就必须博采众长，兼容并包，扬长避短，触类旁通。张颂教授在总结老一辈播音艺术家成功的经验时说：“齐越的播音，得益于他的从《社戏》

---

① 《播音语言通论》142 页。
② 《播音语言通论》143 页。

到《古罗马的大斗技场》这众多的朗诵通感，并使他形成了朗诵式的具有抑扬之美的表达特色。夏青的播音，得益于他从《唐诗三百首》《古文观止》到《毛主席的诗词》的朗读语感，并使他形成了宣读式的、具有顿挫之妙的表达特色。”

也就是说，各种艺术门类，既有其自身的个性，又你中有我，我中有你，彼此渗透，互相影响，不可分割，息息相通。所以，博采众长，触类旁通，才是获得“语感通悟”的基础，才是求得丰富而精密之语感的必由之路。

第四节

练好基本功

一、加强呼吸控制和口腔控制

“形之于声”的目的是为了“及于受众”，不仅要“及于耳”，还要“入于心”。如果气短声虚、口齿不清，思维再清晰、感受再独到，有效信息也会程度不同地遭到损耗，传播质量和效果也会受到一定影响，播音语言的特点及语感的丰富与精密更难以很好地得到体现。

“工欲善其事，必先利其器”，加强呼吸控制和口腔控制，使呼吸能保持稳劲、持久、自如的状态，使吐字归音能达到清晰、集中、饱满、自如的要求，才会使受众听着入耳，才不致使表达者因基本功不过关而感到力不从心或分散注意力，给节目留下种种遗憾。

二、加强语言表达方法的练习

播音语言表达的方法，主要是停连、重音、语气、节奏四种。老一辈播音员成功的经验和长期的播音教学及科研实践可以证明，这些方法适用于播音语言的创作，在准确、鲜明、生动地表达思想感情的过程中，这些方法的作用不容低估。有稿播音离不开语言表达的方法，即兴口语既然要追求规范化和艺术化，表达者同样也需要进行这方面规范的训练。

（一）停连，包括停顿和连接两个方面。停连要服从思想感情运动的需要，要在传情达意的过程中，积极地发挥“区分、转折、呼应、回味、想象等作用”，不可随意，不可因生理需要而破坏心理需要，不可因停害意，因停断情。这是有稿播音练习非常明确的要求。

停连方面的问题，比较集中地暴露在即兴口语节目当中。有些主持人，或因没有经过正规的训练，或因故意追求所谓自然和生活，想在哪儿换气就在哪儿换气，想在哪儿停顿就在哪儿停顿，层次不清，语句关系混乱，前言不搭后语，没有衔接和呼应，严重破坏了语意。

停连，对于即兴口语表达来说，具有与有稿播音同样重要的意义。即兴口语表达也需要运用区分性停连来区分语言序列各成分，表达出清晰的语意；运用呼应性停连使层次清楚，结构严谨，一环紧扣一环；运用并列性停连将相近的并列成分进行划归，使内容更集中，紧凑；运用分合性停连使语句关系更明确，语言链条更完整；运用强调性停连使目的鲜明，重点突出；运用判断性停连使思维过程能够更准确地体现出来，使表达更生动；运用转折性停连使转折呼应更自然，前后衔接得更合理；运用回味性停连给受众留下想象和思考的时间，创造出意境……能够熟练掌握和灵活运用停连的基本方法，既然有利于揭示语意，抒发情感，口语表达又有什么理由非要排斥它呢？

（二）重音，是指语句中最能表明说话目的的、需要在说话时着意加以强调的词或词组。重音不仅能和停连一起使语意更清楚准确，而且还能使语句目的更突出，使逻辑关系更严密，使感情色彩更鲜明。因此，重音一直是播音语言创作中不容忽视的重要技巧之一。

但是有人认为，强调重音会使播音单调、呆板，会失去所谓客观、公正的态度。于是，或有意放弃重音，或不敢理直气壮地强调重音，或因思想不重视而对重音知识了解甚少，凡此种种，在即兴口语节目中比比皆是。源于此，“话”越说越“水”，有些节目甚至“水”得让人听不清意思，听不出态度。为突出语句目的，体现逻辑关系，点染感情色彩，即兴口语表达必须认真考虑如何选择重音和如何强调重音的问题。

首先要了解和掌握选择重音的原则。

要抓住那些能够突出语句目的的中心词，就是那些在语句中占有主导地位和最能揭示语句核心意义的词或词组。因为，它们是准确、鲜明地传达语句目的的核心。要抓住那些能够体现逻辑关系的对应词，就是那些具有转折、呼应、对比、并列、递进等作用的词语。因为，它们是语句目的实现过程中的重要逻辑线索。要抓住那些能够点染感情色彩的关键词，就是那些对显露丰富的感情色彩、对描摹形象、再现情景和烘托气氛等有重要作用的比喻、象声以及其它形象性的词或词组。因为，“它们是使表达内容形象可感，生动传神的点染之语。”

以上三条标准，不过是给大家提供一些选择确定重音的途径，不可机械地套用。选择确定重音的总原则是：以能否突出语言目的为首要标准，综合考虑逻辑关系和感情表达及描摩形象、再现情景的需要。[①] 这个总原则，既适合于有稿播音，也适合于即兴口语表达。

在明确了选择重音的原则之后，还要学会运用重音的表达方法。如：用声音的轻重、高低变化来强调重音的强弱法，用声音的急缓、长短、顿连等变化来强调重音的快慢法，通过声音的虚实变化来强调重音的虚实法。强调和突出重音，不仅不会使“话”说得“单调”“呆板”，而且可以使口语表达对比更强烈，变化更丰富。既然如此，口语表达又有什么理由非要排斥重音的选择和表达呢?

(三) 语气，是指在一定思想感情支配下具体语句的声音形式。在从内部语言向外部语言转换的过程中，无论多么复杂、多么丰富的思想内容，都要靠“形之于声”来体现，都要靠一句一句地说来表述。由于整个思想感情的运动状态的要求，由于各个语句的本质不同，语言环境不同，每一个语句必然呈现出“这一句”的具体感情色彩和分量，并且由一个个“这一句”的组合再呈现出千差万别的声音形式。

语气的感情色彩，是指“这一句”中所包含的是非和爱

① 参考吴郁主编《播音学简明教程》“播音基础理论”部分，北京广播学院出版社，1988 年 10 月。

憎，它体现的是表达者的态度和感情；语气的分量，是指“这一句”所包含的是非和爱憎的程度，因为，同样是喜爱或同样是愤怒，分量也总是有轻有重的。如果能准确地把握每个“这一句”的色彩和分量，就可以牢牢地抓住一个个语句的灵魂，给人以丰富而精致的感受。

把握语气，要抓住两个环节。一是，具体的思想感情。语气的变化，是即兴口语表达中整个思维活动的具体体现，是思想感情积极运动的结果。有思想感情做依托，语气的表达才真实牢靠，自然生动。二是，具体的声音形式。语气不是靠“想”来完成，而是靠“说”，靠“化为某种声音形式”来实现的。离开包括音色、音高、音强、音长等多层次、多侧面立体可感的声音形式，语气就不存在，思想感情也无从体现。因此我们说，把握和表达语气，要以具体的思想感情为根基，以具体的声音形式为躯干，以一个个“这一句”为具体落脚点，使口语表达色彩分明，浓淡相宜，分寸恰当，变化无穷。

需要引起注意的是，即兴口语表达的语气，不同于生活中随便闲聊的自然语气，它摒弃“用气发声松松垮垮，吐字归音懒懒散散”，语调单一平板，语流没有起伏。不要以为加些“这个吧、那个吧、嗯、啊”之类毫无意义的“水”词就“生活”了，“亲切”了，即兴口语表达要追求的是高含量的信息，是口语的艺术化。

（四）节奏，是有声语言运动的一种形式。如果说，语气是以具体语句为单位，那么节奏，应该是由即兴口语表达的全过程生发来的，它是表达者波澜起伏的思想感情所造成的抑扬顿挫、轻重缓急的声音形式的回环往复。

有人称节奏为语言的脉搏，西方古典美学家柏拉图说，节奏“有最强烈的力量浸入心灵的最深处”。丰富的节奏，有助于将语言表达得更完美，更精采，更富于乐感，也更易于被人们接受。既然如此，我们就应该努力掌握节奏的基本表现方法，如：欲扬先抑，欲抑先扬；欲慢先快，欲快先慢；欲重先轻，欲轻先重；加强对比，控纵有节等等，就应该努力将这些方法有效地运用到即兴口语表达中去。

（五）停连、重音、语气、节奏，它们之间既有区别，又互相联系。在这四种技巧中，重点要抓语气的表达，用语气的表达“带动重音”“统领停连”“显露节奏”。因为，只有“深刻理解、深入感受每一语句的内涵、色彩和分量”，才会“使停连，重音融入语流之中，贯通于语气之内。而节奏，也就在重点语气的回还往复之中自然显露出来。”

呼吸控制、口腔控制和停连、重音、语气、节奏，是专门从事播音工作的人都十分熟悉并必须掌握的基本功和的基本技巧。重温它们，无非是为了澄清一定时期以来创作思想上的混乱，是为了进一步证明表达方法对于即兴口语来说，具有和有稿播音同样重要的作用。即兴口语表达是艺术，练好基本功，才能充分发挥有声语言的艺术魅力。

（参考李晓华主编《普通话口语教程》“口语的发声和表达”部分，河南大学出版社，1996年5月。）

第十一章　体态语

第一节

体态语的内容及作用

体态语也称态势语，它是通过人的表情、姿态、动作等配合有声语言传递信息的一种形式。有声语言作用于人的听觉，体态语作用于人的视觉，而广播电视是视听结合的艺术，因此，有声语言和体态语必须紧密配合，协调运用，才能声形并茂，使即兴口语表达的效果达到完美的程度。

体态语应该包括这样一些内容：其一是表情，而表情中最传神的是被称为“心灵之窗”的眼睛；其二是动作，这其中又包括身势和手势等；其三是服饰，指人的穿着打扮；其四是界域，指交流过程中的空间位置、距离、运动范围和时间与空间的组织。人类的交际活动总是要在一定的时空当中进行，即兴口语表达当然也离不开一定的时间背景、环境场所、人与人或人与物（如与话筒、灯光、镜头）之间的距离和运动范围；其四是“语言外”符号系统或称类语言，指停顿、语速和语言中加入的没有固定意义的声音，比如：哭声、笑声、叹息声等等。

作为有声语言的辅助手段，体态语有以下几方面的作用：其一是传递思想信息。比如在散文《我和我的日本学生》中，当中国教师告诉日本学生“我是黑龙江人”，而日本学生又一再追问“你的家乡还有亲人吗”“你们家为什么要迁徙到北京”时，有这样一段细节描写：

> 一股遏制不住的情感冲撞着我的心头。我想说什么，又忍住了，转身在黑板上写下三个大字：“九·一八”！
>
> 教室一下子静了下来。
>
> ……
>
> “唰”的一声，全体学生都站了起来，向我深深地鞠了一躬。
>
> 面对着这些虔诚的、白发苍苍的老人，我木呆呆地站在讲台前，不知说什么是好。只觉得全身的热血在涌动，在燃烧，一颗又一颗滚烫的泪珠却止不住从我的眼窝里流落了下来……

通过这一连串带有强烈感情色彩的体态语，中国教师和日本学生都传达了各自丰富的思想信息。在这样的时间、这样的场合，也许用体态语来直接表意是较为恰当而又耐人寻味的。

其二是传递情绪情感信息。比如说，“手忙脚乱”传递的是慌张的情绪；“手舞足蹈”传递的是狂喜的情绪；“面面相觑”传递的是惊恐或无奈的情绪；“唉声叹气”传递的是烦闷或伤感的情绪。再比如说，“执手相看泪眼”传递的是深深的依恋之情；“行者见罗敷，下担捋髭须；少年见罗敷，脱帽著帩头，耕者忘其犁，锄者忘其锄。来归相怒怨，但坐观罗敷”传递的是深深的爱慕之情；“孤舟蓑笠翁，独钓寒江雪”传递的是孤独苦闷而又决不屈服的思想感情；闻一多“拍案而起”传递的是对信仰的热爱，对祖国的热爱，对正义的渴望，对邪恶的愤慨之情等等。

无可置疑，体态语可以传递情绪和情感的信息，恰当地运用它，有时甚至能获得“此时无声胜有声”的强烈艺术效果。

其三是通过体态语作某种心理暗示，启发或诱导对方的思路，激发或鼓动对方的热情，拉近谈话双方的心理距离，及时调控现场气氛。比如：点头表示赞许，鼓掌表示欢迎，专注的目光可以帮助对方树立谈话的自信，真诚的微笑会让人感到亲切等等。

其四是坦露内心世界，展现精神风貌。有位画家经过长期观察，对“心灵之窗”作了这样一番总结：心胸博大、为人正直的，眼神明澈、坦荡；心胸狭窄、为人虚伪的，眼神狡黠、阴诈；志怀高远的，眼光执著；为人轻薄的，眼光浮动；因为克己，眼神内敛；因为贪婪，眼神暴露；正派而敏锐使眼光如霜剑出鞘；邪恶而刁钻则使眼光如蛇蝎蛰伏。渊博的人，眼中透出了悟；无学的人，眼中似乎只存疑窦。自信者，眼神坚而毅；自堕者，眼神晦而衰。也许你貌不惊人，眼小如豆，但它可能流露出华美的气质；也许你美目流盼，但却可能有一个蜷曲衰败的灵魂在其中沉睡……画家以其敏锐的洞察力，向我们揭示了眼神与内心世界的关系。

体态语不仅可以坦露人的内心世界，还可以展现人的精神风貌。比如：“回眸一笑百媚生，六宫粉黛无颜色”是一种精神风貌；“千呼万唤始出来，犹抱琵琶半遮面”是一种精神风貌；“怒发冲冠”“仰天长啸”是一种精神风貌；“站如松，坐如钟，走起路来一阵风”也是一种精神风貌。

其五是丰富、补充、强化口语信息。1945 年，当罗斯福第四次连任美国总统时，有位记者去采访他，请总统谈谈四次连任的感想。罗斯福没有立即回答，而是很客气地请记者吃一块“三明治”。记者高高兴兴地吃下去之后，总统请他再吃一块，盛情难却，记者就又吃了第二块。当他刚想请总统谈谈时，不料总统又请他吃下第三块。勉强咽下第三块，记者的肚子已经什么也装不进去了，可总统居然又说：“请再吃一块吧?”记者不得不回答：“实在是吃不下了。”这时，罗斯福才微笑着对记者说：“现在，你不会再问我对于这第四次的连任的感想了吧？因为你刚才已经感觉到了。”①

在这里，罗斯福巧妙地运用“动作”来辅助“语言”，由于“动作”的支持和配合，“语言”也显得更耐人寻味，更丰满了。

动态的、直观的形象与有声语言协调统一，密切合作，必然会强化和突出口语信息的分量，增加艺术的感染力。

一次，朱镕基总理在谈到国有企业改革的问题时说：“从总体上讲，国有大中型亏损企业摆脱困境，3 年——够了!”说到“3 年”时，朱总理稍稍停顿了一下，然后用力地一挥右手，十分肯定地说：“够了”。这个镜头，给许多人

① 《机智诡辩术》134 页，华龄出版社，1997 年 1 月。

留下深刻的印象，有专家这样评论：总理的手势，“干净利落，坚决果断，充分表现了自信、乐观、轻松的心态。”一个似有千钧之力的手势，强化、突出了语言的分量，使听者的心灵受到震撼。

第二节

体态语的练习原则和方法

一、体态语应遵循的基本原则

（一）民族性

体态语具有民族性，因为，不同的民族有不同的行为特点和习惯。比如，外国人喜欢用摊开两手，耸耸双肩来表示一种意思，而中国人既不熟悉也不习惯这个动作。如果我们盲目地模仿这一体态，就会使人感到滑稽可笑。1957 年，伏罗希洛夫访华，临别时，他向前往机场送行的宋庆龄施以俄罗斯和欧美通行的对尊贵妇女的吻手礼。在场的记者纷纷拍摄下这个镜头。送走贵宾后，宋庆龄同志的秘书和记者们商量，照片不要登报，消息中也不要提及此事。[①] 宋庆龄同志之所以这样做，是因为中国人不习惯吻手礼，考虑到自己的特殊身份，考虑到体态语的民族性，她明智地做出了决定。

体态语植根于本民族的文化传统和生活习俗，因此，通

① 龙永枢、杨伟光主编《领导者媒介形象设计》177 页，社会科学文献出版社，1997 年 9 月。

过电视，尤其是在一些外交场合或比较庄重的场合进行即兴口语表达，对于体态语的选择和运用，一定要注意到民族的特点和习惯。

(二) 时代性

体态语具有鲜明的时代特征，因为，任何一个时代的社会环境、政治生活、文化背景、科学技术等都不能不对体态语产生影响。

让我们以服饰的变化为例：19 世纪中，在欧洲非常流行一种裙摆极宽大的“钢架裙”，这种款式的裙子，在增大女性自身体积的同时，显示的是女性扩张所占空间的欲望，满足的是女性对尊严和优越地位的心理需求。这种借扩大所占空间来显示尊严和优越的心理，说到底，“是那个不重视工作效率的时代和那种养尊处优的阶级地位所造成的。”今天的世界已和 19 世纪的欧洲大不相同了，妇女在社会生活中的地位和作用发生了巨大变化，因此在心理上也必然打上这个时代的烙印。女性时装趋向男性化，简便化，这在一个时期成为全世界的潮流。其原因在于，“妇女认为她们的工作能力并不亚于男性，她们不仅要在工作效率上和男子比个高低，在仪表上也不甘柔弱，她们无须再靠服装所占空间去显示自己的尊严，现代生活的空间和节奏也的确使钢架裙之类的款式完全无法适应，这就注定了它必然要被新的便于行动和交往的款式所取代。”①

这个例子从一个角度说明了服饰变化与时代密不可分的关系。体态语体现着时代的特点，体现着一个时代对美的认

① 张雪扬：《服饰艺术与美》182 页，重庆出版社，1987 年 3 月。

识与追求。正如车尔尼雪夫斯基所说："每一代的美都是而且也应该是为那一代而存在；它毫不破坏和谐，毫不违反那一代的美的追求；当美与那一代一同消失的时候，再下一代就会将有它自己的美，新的美，谁也不会有所抱怨的。……"①

体态语的运用要能够突出时代感，要能够反映我们这个日新月异、朝气蓬勃的伟大时代的风貌，才会给人留下和谐与健康的印象。

（三）真实性

真实是大众传播的生命，有声语言必须真实可信，作为它的辅助手段，体态语也只能遵循同样的原则。

美国的一位律师，在调查一起保险赔偿案件时，发现原告所诉称他的肩膀被掉下来的升降机轴打伤，至今右臂仍抬不起来的事实有诈。于是，律师在法庭上要求原告："请你给陪审员们看看，你的右臂现在能举多高。"原告显得很费劲地将受伤的右臂举到起耳的高度，以示不能举得更高了。律师平静地接着问了他一个问题："那么，在你受伤前能举多高呢?"原告不由自主地将右臂举过了头顶，顿时，法庭内响起了一阵嘲讽的笑声。

原告用自相矛盾的体态语让人们看到了言行不一的荒唐、虚伪，让人们看到了谎言的真面目。

体态语如果失去真实性，就会干扰甚至破坏对语言的信任程度，所以说，言行一致，才具有说服力，真实的内容，必须用真实的体态语来衬托，显露。

① 《西方美学家论美和美感》246 页，商务印书馆，1980 年版。

(四) 准确性

运用体态语，要考虑特定的时间、环境、气氛，要考虑语言的目的及自身的条件和对象的特点等等。

比如说：触摸，是体态语的一种，抚摸孩子的肩头会使人感到亲切，但若与一个成年人勾肩搭背，就会让人觉得不庄重，不礼貌了。再比如说，安娜·卡列尼娜身穿一身黑色服装出现在一片珠光宝气之中，其美令人震撼。请设想，如果一个主持人穿着同样的服装出现在节目的电视晚会上，其效果可就完全相反了。

谁？面对的又是谁？受什么语言目的及时间、环境、气氛制约？这其中任何一个条件发生了变化，都会对运用体态语产生影响。所谓准确得体，就是要在考虑以上诸条件的基础上，为配合完成语言目的，选择最恰如其分的、适时、适度、适当的体态语。

(五) 和谐性

和谐性，既包括体态语本身各局部之间的和谐关系，又包括体态语与口语之间的和谐关系。体态语的任何一个局部都不可能孤立进行，作为辅助手段的体态语也不可能脱离口语而孤立存在。因此，从微观到宏观，从局部到整体，必须和谐展开。

1994年4月，中央电视台《焦点访谈》栏目播出了一期题为《丧钟为谁敲响——南非首次非种族大选在即》的节目，经过主创人员的精心设计，该期节目将大屏幕、音乐、音响与主持人的话及表情、动作巧妙编织在一起，浑然天成，和谐而富有节奏，展现了电视语言的独特魅力。

节目开始，主持人有一段抒情的开场白，当说到："对于我们中国人来讲，南非一直是一个陌生的国度，这里我们不用去说南非的黄金以及钻石的储量占世界的多少，我们还是先请看一组南非的镜头……”时，话音未落，主持人转过身去，镜头便从他的肩头迅速推到大屏幕上，音乐声中，山鹰在翱翔，越过高山大海，飞临乡村，城市……然后，主持人转回身来，再次面对镜头说：“南非的确很美，然而就是这样一个美丽富饶的国家，在过去的三百多年里却经历了一段种族歧视的黑暗年代。……所幸的是，从今天开始算起，再过整整二十天，南非将消灭种族隔离制度。”①

一个“转过身去”，一个“转回身来”，两个看似不经意的动作，实则体现着创作者的良苦用心。在这里，表情也好，动作也好，背景也好，音响、音乐也好，都不是孤立的存在，不是可有可无的“饰物”，不是偶然的、随心所欲的行为，它们是标点，是调和色，是完整的语言链条中不可缺少的环节，是整体中的一个部分。主持人正是运用体态语，十分自然地将语言与画面衔接了起来，使得过渡自然顺畅，增加了口语表达的层次感，节奏感，和谐感。

二、体态语的练习方法

体态语既然是即兴口语创作中一个不可忽视的部分，那么，就要加强这方面的系统练习。

（一）表情练习

人的五官可以有无穷的变化，丰富的表情变化可以传达出丰富的信息。皱眉，低眉，挑眉，扬眉，张口结舌，张牙

---

① 水均益：《前沿故事》54页，南海出版公司，1998年10月。

舞爪，撇嘴，咧嘴，呶嘴，抿嘴，噘嘴所表达的内容是极为不同的。

在五官中最能传神的是眼睛，因此，表情练习的重点是眼神。通过练习，首先要做到“眼中有物”，进而还要做到“眼中有情”“眼中有神”。

练习可分为两个步骤，第一步是有实物练习，即：观察的对象是真实的存在，如，看花草，花草就在眼前，看飞机，飞机就在头顶上盘旋。其练习的目的不仅是学会“看”，重要的还是要记住“怎么看”，正如有声语言表达需要积累词汇，眼神也需要积累一些基本的“语汇”，像正视，环视，扫视，点视，仰视，俯视，凝视，注视，斜视，虚视等等，要了解它们所表示的内容，还要熟练掌握并能够准确地运用这些方法来传情达意。

第二步是无实物练习，即：观察的对象并不是真实的存在，如，看花草，花草并不真在眼前，一切虽然都是想象中的存在，但要让人觉得你的眼中实有其物而不是空洞无物。无实物练习是在想象和联想中完成的，它需要调动“怎么看”的记忆，需要运用最恰当的目光语，准确、逼真地完成“看”的过程。

请看《卖火柴的小女孩》中的几段话：

看！这只鹅从盘子里跳出来了，它背上插着刀叉，蹒跚地在地上走着，一直向这小姑娘走来。

她又擦了一根火柴，现在她坐在美丽的圣诞树下，这株树比她上次圣诞节时，透过一家富商的玻璃门里看到的一株还要大，还要美。它的绿枝上燃着几千只蜡烛，一些跟商店橱窗里陈列的画一样美丽的彩色图画在向她眨眼。

……圣诞树的烛光越升越高。她看到它们变成了明亮的星星，这些星星有一颗落下来，在天空划出一条长长的红光。

朗诵这几段话时，眼神要传达的信息是非常丰富，变化也是非常复杂和微妙的，一只鹅与一株圣诞树与几千只蜡烛与天上明亮的星星，无论是在视线的范围，还是在视线的向度、长短度、软硬度上都有极大的差异，要“看”得准确，逼真，难度的确很大。

要达到练习要求，一是要认真，要一丝不苟地“看”，比如：“烛光越升越高”，目光应从哪儿起从哪儿落？“变成明亮的星星”，怎么表现明亮？“有一颗落下来”，怎样用视线的范围变化来表现满天星星与一颗的不同？怎样用视线的向度变化来表现“升”与“落”的不同？这些都需要认真感受，认真设计。二是要灵活，要善于灵活运用目光语的表达方法，为传情达意服务。让我们再来看看下面这段话：

小姑娘终于抽出一根火柴，在墙上擦了一下，哧！火柴燃起来了，冒出火来了！当她把手覆在上面的时候，明亮的火柴像一根小小的蜡烛。

……唉，这是怎么啦？小姑娘刚刚伸出她的一双脚，打算暖和一下，火焰忽然熄灭了！火炉不见了，她坐在那儿，手中只有烧过的火柴梗。

朗诵者需要由凝视（表示关注、欣喜和期盼）——环视（表示焦急地寻找）——俯视（表示失望和忧伤）这一系列目光的变化，来表现小姑娘由看见“火柴燃起来了”——“火焰忽然熄灭了”——“手中只有烧过的火柴梗”和由这一系列视觉变化而引发的强烈的心理变化。

眼神的运用对于即兴口语表达甚为重要。通过严格的练习，不仅要做到“眼中有物”，还要做到“眼中有情”“眼中有神”，不管表述的对象或交流的对象是否在眼前，都要善于运用眼神，给人一种真切的交流感。

（二）身势和手势的练习

生活中常听到这样的话：“这个人站没站相，坐没坐相，缺乏教养，不懂礼貌。”可见，“站相”和“坐相”不是可以忽略的小节，特别是在电视镜头前，主持人的一言一行，一举一动都要经受得起广大观众的检验，稍有疏漏，就可能影响观众对主持人的总体印象甚至信任程度。因此，身势和手势与眼神一样，在即兴口语表达的过程中，都不是一种随意的行为，而是创作整体中的一个不可缺少的部分。

身势包括：头势，躯干势，腿势，坐势，站势；手势包括：手指的显示，手掌的显示，双臂的显示。

首先，要培养正确的站姿和坐姿，真正做到“站有站相，坐有坐相”。试想，如果一个主持人垂头缩肩，弓背猫腰，双膝发软，腿脚乱颤地出现在电视屏幕上，在视觉上会给人造成怎么样的刺激呢？站和坐都要求腰背挺直，腿脚利落，健康向上，自然顺畅，这就需要进行必要的形体练习。

另外还要了解不同身势和手势所表示的不同含义，准确无误地运用动作配合语言表达。比如：掌心向上，通常是显示谦和、礼貌；掌心向下，通常是显示指示、命令。如果我们不了解这两个动作的差别，在请嘉宾落座时掌心向下，就可能使人感到态度强硬。握手，是最为常见的一种体态语，标准姿势是手指稍稍用力握住对方的右手掌，标准时间大约是1—3秒。握手姿势和时间长短的不同，可以传达出完全不同的信息，会直接影响感情表达的分寸。再举头势的变化为例：昂首阔步，显示精神抖擞，意气风发；鼻孔朝天，显示目中无人，傲慢无礼；摇头晃脑，显示自得其乐，自以为是；搔首弄姿，显示卖弄姿容，举止轻佻；低首下心，显示恭顺；低头不语，显示沉默；耷拉着脑袋，显示的可就是人们常说的“垂头丧气”了。可见，身势和手势可以传达的信息极丰富，其变化极复杂，极微妙，所以，要准确地把握，难度也是极大的。

（三）综合练习

戏曲演员总结的一条舞台经验叫做：心到，眼到；眼到，手到。是否可以这样理解这句话：感受与表达，有声语言与体态语，表情与身势和手势，在创作过程中是不可分割，不可孤立存在的。因此，练习时要注意感受与表达的关系，有声语言与体态语的关系，还有如何使眼神与身势和手势互相配合，综合运用的问题。

请看《卖火柴的小女孩》中的一段话：

> ……亮光中老祖母出现了，显得那么光明，那么温柔，那么和蔼，那么慈祥。
>
> ……于是，她急忙把一束火柴都擦亮了，因为她非常想把祖母留住。这些火柴发出强烈的光芒，照得比大白天还要明朗。

朗诵时，为表现出小女孩对老祖母深深的爱，特别是她想把老祖母留住的心情，动作要急切（“她急忙把一束火柴都擦亮了”），身躯要向前倾（“因为她非常想把祖母留住”），还要仰着头，高举着双臂，凝望着前方。只有表情，身势，手势协调一致，才能配合语言准确地表现出小女孩此时此刻的心情。

了解和掌握体态语，可以提高即兴口语表达的效果，因此，要重视体态语的学习和练习。

练习

1. 眼神练习

正视________　　　斜视________

凝视________　　　环视________

注视________　　　漠视________

仰视________　　　俯视________

怒视________

2. 模仿动物练习

3. 哑剧小品练习

4. 安排多种不同的语境并根据语境的变化，设计不同的站姿、坐姿及手势、动作。

点评

以上练习，可帮助我们更准确地运用体态语来表情达意，从而使即兴口语表达更丰富，更完美。